LEKTÜRESCHLÜSSEL
FÜR SCHÜLERINNEN UND SCHÜLER

Franz Kafka

Brief an den Vater
Das Urteil

Von Theodor Pelster

Reclam

Dieser Lektüreschlüssel bezieht sich auf folgende Textausgaben:

Franz Kafka: *Brief an den Vater*. Hrsg. und komm. von Michael Müller. Stuttgart: Reclam, 1995 [u. ö.]. (Universal-Bibliothek. 9674.)

Franz Kafka: *Das Urteil und andere Prosa*. Hrsg. von Michael Müller. Stuttgart: Reclam, 1995 [u. ö.]. (Universal-Bibliothek. 9677.)

RECLAMS UNIVERSAL-BIBLIOTHEK Nr. 15395

Gesamtherstellung: Reclam, Ditzingen
Printed in Germany 2013

ISBN 978-3-15-015395-6

Auch als E-Book erhältlich

www.reclam.de

Inhalt

1. Erstinformation

Die Person und das Werk Franz Kafkas waren und sind eine Herausforderung für Leser, Wissenschaftler und Philosophen des 20. wie des 21. Jahrhunderts. Der Name des Autors steht in der Literaturgeschichte ähnlich repräsentativ für die Epoche der Moderne wie der Name Pablo Picassos in der Kunstgeschichte. Literaten in aller Welt berufen sich auf Franz Kafka »als einen ›Klassiker sui generis‹, als eine Ikone der Moderne«[1].

Kafka: ein Klassiker der Moderne

Franz Kafkas literarisches Werk ist schmal, aber folgenschwer. Es besteht aus drei Romanfragmenten, einer »Handvoll Erzählungen und Prosaminiaturen, zumeist befremdliche Tierparabeln«[2]. Ihnen geht der Ruf voraus, dass in ihnen Überraschendes, zum Teil Ungeheuerliches und Groteskes in eine klare, karge Sprache eingebunden werde.

Die Kafka-Forschung der vergangenen Jahre hat nun überzeugend nachgewiesen, dass die Texte des Autors in besonderem Maße mit seiner Person und seiner Lebensgeschichte verwoben sind. Ein Biograph macht auf die »aufreizende Manier dieses Autors« aufmerksam, »Momente des eigenen Lebens in kaum verschlüsselter Form zu literarisieren«[3]. Er weist nach, dass es »reale Ereignisse, niemals bloße Einfälle« sind, »welche die Schleusen öffnen und Kafka für einige Zeit auf den Gipfel seiner sprachlichen Möglichkeiten führen«[4]. Wer aber einzig und allein versucht, diese realen Ereignisse und die konkreten Momente im Leben des Autors auszumachen, wird mit seinen Verständnisbemühungen ebenso

»Momente des Lebens literarisiert«

zu kurz greifen wie der, den nur die literarische Form interessiert. Der eine wird am Ende einige biographische Details vorzeigen können, der andere eine Struktur- oder Textanalyse. Zum Verständnis gehört mehr.

Schlüsseltexte zu Kafkas Gesamtwerk

Kafkas *Brief an den Vater* und seine Geschichte *Das Urteil* sind Schlüsseltexte, die besonders geeignet sind, einen Zugang zum Gesamtwerk und zur Person des Autors zu finden. Der *Brief an den Vater* ist offensichtlich viel näher an der Lebenswirklichkeit des Dichters als die meisten seiner anderen literarischen Texte. Auch ist dieser Brief entschieden mehr als die Mitteilung eines Senders an einen Empfänger und auch mehr als das Dokument einer Lebens- oder Seelenlage. Er ist – mit den Kategorien der Rhetorik klassifiziert – ein literarisch anspruchsvoller »Wiedergebrauchstext«, in dem sich ein Schreiber so ausdrückt, dass sich auch der nicht adressierte Leser angesprochen und zur Teilnahme herausgefordert fühlt. Die Entstehung der Geschichte *Das Urteil* wird im Rückblick als »eine Eruption, die in der Weltliteratur ihresgleichen sucht«[5], beurteilt. Kafka, der diese Erzählung in einer einzigen Nacht niederschrieb, befand sich am Morgen, als sie vollendet war, in einem Zustand der Euphorie. »Nur so kann geschrieben werden«[6], notierte er in sein Quartheft. Erstmals stimmte der Autor mit dem, was er geschrieben hatte, vollkommen überein.

Die Texte und ihre Entstehungsdaten

Das Urteil wurde in der Nacht vom 22. zum 23. September 1912 geschrieben und 1913 veröffentlicht; den *Brief an den Vater* schrieb Kafka erst im November 1919, er wurde nie abgeschickt und zu Lebzeiten des Autors nicht veröffentlicht. Trotzdem erscheint es sinnvoller, den chronologisch umgekehrten interpretatorischen Weg vom *Brief* zum *Urteil* zu verfolgen. In beiden Texten geht es um den Generationenkonflikt zwischen Vater und Sohn, geht es um die Heiratspläne des Sohnes und die Auswirkungen auf das Umfeld, in beiden Fällen stoßen Prozessparteien aufeinander. Da der *Brief an den Vater* jedoch der Lebenswirklichkeit einer jüdischen Familie näher steht, fällt dem Leser der Zugang zu diesem Text leichter als zu dem fiktionalen Text *Das Urteil*, der sich bis ins Groteske steigert.

2. Inhalt

Brief an den Vater

Anlass und Intention (7,1–10,35)

Der Anlass

Unmittelbarer Anlass des Briefes ist eine vom Vater gestellte Frage an den Sohn, warum dieser behaupte, er hätte »Furcht« vor seinem Vater (7). Dazu schreibt der Sohn, tatsächlich sei seine Furcht so groß, dass er mündlich nicht hätte antworten können und deshalb schreibe, aber auch im Brief sei er kaum in der Lage, »die Größe des Stoffes« (7) zu verarbeiten. Ziel des Briefes sei, »eine Art Friede« (8) herzustellen. Dazu sei es notwendig, ihre gegenseitige Beziehung zu klären.

Die Ausgangssituation aus Sicht des Vaters

Aus seiner eigenen Sicht sei der Vater derjenige, der ein »ganzes Leben lang schwer gearbeitet« und alles für seine Kinder »geopfert« habe, während die Kinder in Distanz blieben – ohne »irgendein Entgegenkommen«, ohne »Zeichen eines Mitgefühls« (7). Vor allem dem Sohn werfe er »Kälte, Fremdheit, Undankbarkeit« vor, gebe ihm die »Schuld« an der »Entfremdung«, halte sich selbst dagegen für »gänzlich schuldlos« (8).

Die Sicht des Sohnes

Der Sohn als Schreiber des Briefs lässt die Einschätzung des Vaters, gänzlich schuldlos zu sein, gelten, möchte aber anerkannt wissen, dass auch er »gänzlich schuldlos« (8) sei. Für ihn sieht die Sache so aus, dass die Beziehung zwischen Vater und Sohn »nicht in Ordnung ist«, dass dies vom Vater »mitverursacht« ist, »aber ohne Schuld« (8).

Eine Ursache für die eingetretene Entfremdung sieht der Sohn darin, dass Vater und Sohn in der äußeren Erscheinung und der inneren Haltung – vielleicht schon durch die Erbanlagen bedingt – zu verschieden sind. Der Vater ist ein Ausbund »an Stärke, Gesundheit, Appetit, Stimmkraft, Redebegabung, Selbstzufriedenheit, Weltüberlegenheit, Ausdauer, Geistesgegenwart, Menschenkenntnis« und deshalb als Vater »zu stark« für einen Sohn, der »ein schwächlicher, ängstlicher, zögernder, unruhiger Mensch geworden« ist (9). Dieser Übermacht des Vaters ist »das langsam sich entwickelnde Kind« »erlegen« (10). Die väterliche Absicht, »einen kräftigen mutigen Jungen [...] aufzuziehen« und ihn »mit Kraft, Lärm und Jähzorn« (10) zu behandeln, ist jedenfalls gründlich fehlgeschlagen.

Verschiedenheiten zwischen Vater und Sohn

Die Erziehung des Sohnes (10,36–17,26)

Aus der Kindheit sind dem Sohn solche Begebenheiten in Erinnerung geblieben, in denen der Vater als »der riesige Mann« und als »die letzte Instanz« uneingeschränkt handeln konnte und in denen das kleine Kind ein »Nichts für ihn« (11) war. Damals entwickelte sich das Gefühl der »Nichtigkeit« (11), das den Sohn später beherrschte. Rückblickend vermisst er in seiner Erziehung »ein wenig Aufmunterung, ein wenig Freundlichkeit, ein wenig Offenhalten meines Wegs« (12): Stattdessen fühlte er sich schon durch die »bloße Körperlichkeit« (12) niedergedrückt. Im Schwimmbad beispielsweise kam er sich – »ein kleines Gerippe« – jämmerlich vor, unfähig, des Vaters »Schwimmbewegungen nachzumachen« (12).

Die gefühlte Nichtigkeit des Sohnes

Der körperlichen Überlegenheit entsprach die »geistige Oberherrschaft« (13). Der Vater war von einem grenzenlosen »Selbstvertrauen«, beharrte darauf, dass seine »Meinung [...] richtig«, dass er unbedingt im »Recht« sei und gab deshalb das Erscheinungsbild eines »Tyrannen« ab (13). Für das Kind und für den Heranwachsenden war es unmöglich, dem »absprechenden Urteil« (14) entgegenzutreten. Dabei schien die Gegnerschaft nicht sachlich begründet, sondern grundsätzlich zu sein. Nichts und niemand konnte vor dem Vater bestehen. Gegen ihn war man macht- und »wehrlos« (15).

Die Oberherrschaft des Vaters

Ohne Widerrede übernahm der Sohn die Hinweise und Anweisungen des Vaters als »Himmelsgebot« (15). Eine tiefe Enttäuschung erlebte er indessen, als er merkte, dass der Vater selbst den Grundsätzen entgegen handelte, die er für andere aufstellte. Das Verhalten des Vaters bei Tisch stand in direktem Gegensatz zu dem »Unterricht im richtigen Benehmen bei Tisch« (15), den er seinem Sohn erteilte. Dadurch empfand sich der Sohn als »Sklave«, der unter Gesetzen lebte, die nur für ihn »erfunden waren und denen [er] niemals völlig entsprechen konnte« (16). Den Geboten nicht folgen, ihnen aber auch nicht entgegentreten zu können, empfand das Kind – als »Schande« (16), ein »Gefühl« (17) das sich festsetzte.

Das Gefühl der Schande

Kommunikatives Verhalten (17,27–27,8)

Dem Vater geht nach Ansicht des Sohnes die Fähigkeit ab, »ruhig über eine Sache zu sprechen « (17), zu der es kontroverse Ansichten gibt. Sein »herrisches Temperament« (17)

duldet keine »Widerrede« (17, 18, 19); seine Entscheidungen fallen »ohne Anhören der Person« (18); Argumenten ist er nicht zugänglich; nie lässt er sich »überzeugen« (18). Das führte dazu, dass der Sohn vor dem Vater »weder denken noch reden konnte« (18). Er schwieg und verlernte »das Reden« (18). Die vom Vater bevorzugten »rednerischen Mittel« waren: »Schimpfen, Drohen, Ironie, böses Lachen und [...] Selbstbeklagung« (19). In diesen Formen der Kommunikation ist der Redende immer der Dominante, der Angeredete der Angegriffene und der Unterlegene. Das Bewusstsein, der »Macht« und der »Gnade« des Vaters ausgeliefert zu sein, ließ mit der Zeit im Sohn das Gefühl der »Wertlosigkeit« entstehen (20).

Des Vaters herrisches Temperament

Es gab »allerdings auch Ausnahmen« von dieser Situation: Als glückliche Momente hat der Schreiber in Erinnerung, wenn der Vater »schweigend« litt, wenn er »müde« einen Mittagsschlaf hielt, wenn er »abgehetzt« sonntags in die Sommerfrische kam, wenn er machtlos die »Krankheit der Mutter« oder die »Krankheit« des Sohnes hinnehmen musste (22). In solchen Augenblicken der Schwäche kamen »Liebe und Güte« (22) zum Vorschein, die sonst meist im Verborgenen blieben.

Momente väterlicher Schwäche

Mit zunehmendem Alter beobachtete der Sohn den Vater genauer, durchschaute Situationen und fing an, sie zu »sammeln« (23) und zu bespötteln. Im Rückblick sieht der Schreiber in diesen Scherzen »ein übrigens untaugliches Mittel zur Selbsterhaltung« (23). Es kam nämlich nicht zur vielleicht notwendigen Auseinandersetzung, weil die Mutter immer wieder den Sohn – entweder »durch vernünftige Rede« oder durch »Fürbitte« – in den Kreis des Vaters und damit in die

Abhängigkeit zurückholte (24). Der Sohn blieb der »Schuldbewußte«, der an der möglichen Bestrafung durch den Vater in gleicher Weise litt wie an der möglichen »Begnadigung« (24). Nie hatte er eine Möglichkeit der Rechtfertigung, des gleichberechtigten Diskurses, des offenen Gesprächs. Zu einer »eigentlichen Versöhnung« (24) kam es nie.

Die ausgebliebene Versöhnung

Umgekehrt häuften sich im Laufe der Zeit die Vorwürfe, die der Vater seinem Sohn machte. Er hielt ihm vor, dass er dank seiner, des Vaters, »Arbeit ohne alle Entbehrungen in Ruhe, Wärme, Fülle lebte« (25). Tatsächlich sind die Leistungen des Vaters beeindruckend. Seine Erzählungen zielen jedoch nicht darauf, seine Kinder zu vergleichbaren Leistungen »auf[zu]muntern« und zu »kräftigen« (25), sondern ihnen ihr Versagen vorzuhalten, sie zu demütigen, da sie nicht anders konnten, als »bettlerhaft dankbar« und nur »in Beschämung, Müdigkeit, Schwäche, Schuldbewußtsein« anzunehmen (27), was der Vater ihnen gab.

Demütigungen durch den Vater

Fluchtversuche und Suche nach anderen Beziehungen (27,9–57,6)

Eine Folge der so erfahrenen Erziehung war, dass der Schreiber »alles floh, was nur von Ferne an Dich erinnerte« (27). Er blieb dem Geschäft fern, in dem der Vater nach Einschätzung des Sohnes eine »Tyrannei« (28) betrieb. Dann glaubte der Sohn, vor der ganzen Familie »fliehn« zu müssen, wenn er von dem Vater »fliehn wollte« (29). Er ging auf Distanz zur »Mutter« (29), »zum Teil« auch auf Distanz zu den »Schwestern« (31) und zu anderen näheren Verwandten. Sein »Familiensinn«

Flucht

(35) kehrte sich dahingehend um, dass er von den Personen umso größeren Abstand suchte, je näher sie dem Vater standen.

Für den Sohn, der sein »Selbstvertrauen verloren« und dafür »ein grenzenloses Schuldbewußtsein eingetauscht« hatte, war es durchaus schwierig, »mit anderen Menschen« zusammenzukommen (36). Auch die Rückbesinnung auf das »Judentum« (37) bedeutete keine Rettung. Die Festigung im Judentum war weder für den Vater noch für den Sohn so groß, dass sie darin etwas Gemeinsames oder etwas Trennendes hätten finden können. Zu keinem Zeitpunkt bot das Judentum »die Möglichkeit der Anknüpfung neuer Beziehungen« (40) zwischen Vater und Sohn.

Vergebliche Besinnung auf das Judentum

Einzig durch das »Schreiben« war der Sohn »tatsächlich ein Stück selbständig [vom Vater] weggekommen« (41). Die Missachtung des Vaters für die ausgelieferten Bücher des Sohnes bestätigte diesem, zu Unrecht verkannt zu sein, und gab ihm vorübergehend ein Gefühl von »Sicherheit« (41) und Freiheit. Eine Ablösung vom Vater gelang jedoch auf diesem Weg nicht: »Mein Schreiben handelte von Dir, ich klagte dort ja nur, was ich an deiner Brust nicht klagen konnte« (42). Auch das »Schreiben«, gedeutet als »absichtlich in die Länge gezogener Abschied von Dir« (42), war bestimmt durch den Vater, war Konsequenz der nicht erfolgten mündlichen Kommunikation und Ersatz für den verweigerten Dialog.

Die Bedeutung des Schreibens

Obwohl der Vater bezüglich der »Berufswahl« in seiner »großzügigen und in diesem Sinn sogar geduldigen Art […] völlige Frei-

Die Berufswahl

heit« (42) gab, war der Sohn nach eigener Einschätzung zu diesem Zeitpunkt schon nicht mehr »fähig, eine solche Freiheit eigentlich zu gebrauchen« (44); denn er fühlte sich da, wo er lebte, »verworfen, abgeurteilt, niedergekämpft«, nicht in der Lage »zu flüchten« (44). Deshalb traute er sich erst gar nicht zu, »einen wirklichen Beruf erreichen zu können« (44).

Heiratsversuche

Der »großartigste und hoffnungsreichste Rettungsversuch« war der Versuch zu heiraten, »entsprechend großartig war dann allerdings auch das Mißlingen« (46). Die »negativen Kräfte«, die der Sohn als »Mitergebnis« der väterlichen »Erziehung« beschrieben hat – nämlich: »Schwäche, Mangel an Selbstvertrauen, Schuldbewusstsein« –, waren stärker als die noch vorhandenen »positiven Kräfte« (46), die aus dem Wunsch erwuchsen, »einen Hausstand [zu] gründen« und »selbständig [zu] werden« (52). Hinzu kam, dass er sich für das Heiraten »schlecht vorbereitet« (48) glaubte, dass er sich durch die Einlassungen seines Vaters »gedemütigt« (51) fühlte. »Heirat« als »Bürgschaft für die schärfste Selbstbefreiung und Unabhängigkeit« (53) blieb ein unerfüllbarer Traum, eine Illusion.

Bilanz

Als Bilanz bleibt, dass dem Schreiber nach eigener Einschätzung nur »im Schreiben [...] kleine Selbständigkeitsversuche, Fluchtversuche mit allerkleinstem Erfolg« (55) gelungen sind, dass er sich insgesamt als unterlegen und gescheitert ansieht: »So endet mein bisheriges Leben mit Dir, und solche Aussichten trägt es in sich für die Zukunft« (57).

Das Angebot zur Entgegnung und Schluss (57,7–59,14)

Ziel des Briefes war die »Begründung der Furcht« (57), die der Sohn »behauptet« (7) vor dem Vater zu haben; am Ende des Briefs lädt der Schreiber den Vater ein zu »antworten« (57) und bietet ihm Gegenbehauptungen und Gegenargumente an. Das Konzept dieses Gegenbriefes zeigt, wie der Vater den Brief des Sohnes als trickreich, als unritterlich, als »Kampf des Ungeziefers« (57) entlarven könnte, wie er zeigen könnte, dass der Sohn sich vor der »Verantwortung« drückt, sie dem Vater zuschiebt und wie er sich tatsächlich, »körperlich und geistig, von [dem Vater] durchs Leben schleifen« lässt (58).

Das Angebot an Gegenthesen und -argumenten

Wie der »Brief« (59) insgesamt, so könnte gemäß der Hoffnung des Schreibers auch der »Einwurf« (58) zur Charakterisierung des »Verhältnisses« zwischen Vater und Sohn förderlich sein und »etwas der Wahrheit [...] Angenähertes« erreichen, das dann Vater und Sohn »beruhigen und Leben und Sterben leichter machen« könnte (59).

Ohne Gruß- und Schlussformel unterschreibt der Sohn mit seinem Vornamen.

Das Urteil

Der Brief an den Freund (42–47,2)

Der Brief an den Freund

Der junge Kaufmann Georg Bendemann hat am Sonntagvormittag in seinem Privatzimmer mit Blick auf den Fluss und die vorbeiführende Straße einen Brief an seinen Jugendfreund in Petersburg geschrieben und denkt nun über seine Lebenssituation nach.

Der Freund in Petersburg

Vor Jahren war dieser Freund nach Russland geflüchtet, hatte versucht, Georg Bendemann nachzuziehen, und war in lockerem Kontakt mit ihm geblieben. Georg hatte beim letzten Besuch des Freundes vor drei Jahren gemerkt, dass dieser gesundheitlich angegriffen und gesellschaftlich isoliert war. In der Zwischenzeit war die Mutter Georgs verstorben, der Vater hatte sich aus dem mit dem Sohn gemeinsam betriebenen Geschäft zurückgezogen, Georg fühlt sich als erfolgreicher Chef und hat sich gerade vor einem Monat mit einem Fräulein Frieda Brandenfeld verlobt. Während er dem Freund den Tod seiner Mutter noch mitgeteilt hatte, hat er ihm die Existenz seiner Braut bisher verschwiegen. Dagegen hat er seiner Braut bereits häufig von diesem Freund erzählt. Nun aber hat er ihm am Ende des langen Briefes »die erfolgte Verlobung« (46) mitgeteilt, sein Glück geschildert, einen Brief seiner Braut angekündigt und den Freund zur bevorstehenden Hochzeit eingeladen – allerdings mit dem Zusatz, dass er verstehe, wenn er fernbleibe.

Über den Inhalt dieses Briefes will Georg seinen Vater informieren, der, nur durch einen Gang getrennt, in der gleichen Wohnung und mit dem Sohn »in gemeinsamer Wirtschaft« (44) lebt.

Die Verurteilung durch den Vater (47,3–54,24)

Georg geht über den Gang in das dunkle Hinterzimmer des Vaters, der gerade gefrühstückt hat, und teilt ihm mit, dass er eben seinem Freund in Petersburg einen Brief geschrieben und ihm entgegen früheren Überlegungen seine Verlobung angezeigt habe. Der Vater scheint die Gelegenheit für eine grundsätzliche Auseinandersetzung nutzen zu wollen, fragt zunächst: »Hast du wirklich diesen Freund in Petersburg?« (48) und behauptet später: »Du hast keinen Freund in Petersburg« (49).

Georgs Besuch beim Vater

Georg ist verlegen. Einerseits ist für ihn der Vater »noch immer ein Riese« (47), andererseits scheint er sich für den alten Mann mit dem »zahnlosen Mund« (48) und der »Augenschwäche« (47) zur Sorge verpflichtet. Als der Vater Zweifel an der Existenz des Petersburger Freundes hat, erinnert Georg seinen Vater daran, dass er sich doch »ganz gut mit ihm unterhalten« (50) habe, als der Freund vor drei Jahren zu Besuch gewesen sei, und glaubt damit, die plötzlichen Zweifel des Vaters ausgeräumt zu haben, die er auf einen Schwächeanfall zurückzuführen scheint. Ehe Georg einen Arzt holt, will er den Vater zu Bett bringen, zieht ihm den Schlafrock aus, später auch die »Trikothose« und die »Socken« (50), macht sich Vorwürfe, zu wenig auf ihn geachtet zu haben, und trägt den Vater ins Bett. Er bemerkt, dass »an seiner Brust der Vater mit seiner Uhrkette spiele«, dass »er sich an dieser Uhrkette« festhält (50), wie sich sonst Kinder an der Uhrkette des Vaters festhalten mögen. »Bin ich jetzt gut zugedeckt?« (51), fragt der Vater, als er im Bett liegt. Der Sohn beruhigt: »Sei nur ruhig, du bist gut zugedeckt« (51).

Seine Begegnung mit dem Vater

Im nächsten Augenblick wirft der Vater die Decke zurück, steht im Bett auf und ruft: »Du wolltest mich zudecken, das weiß ich, mein Früchtchen, aber zugedeckt bin ich noch nicht« (51). Plötzlich gibt er vor, den Freund in Pe-

Die Wende: Auseinandersetzung zwischen Vater und Sohn

tersburg zu kennen, sogar besseren Kontakt zu ihm zu haben als sein Sohn. Er wirft dem Sohn vor, seinen Freund »betrogen« zu haben, »die ganzen Jahre lang« (51). Im Glauben, er hätte den Freund »untergekriegt«, habe er sich »zum Heiraten entschlossen« (51), und damit er sich ungestört an der »Gans« »befriedigen« könne, »hast du unserer Mutter Andenken geschändet, den Freund verraten und deinen Vater ins Bett gesteckt« (52). Der Vater, so erkennt Georg, hat mit ihm »Komödie gespielt« (52). Es sei ihm gar nichts übrig geblieben, rechtfertigt der Vater sein Tun damit, dass er anders nicht an seinen Sohn hätte herankommen können.

In der augenblicklichen Einschätzung ist der Vater »noch immer der viel Stärkere« (53), da er sich mit der verstorbenen Mutter, mit dem Freund in der Fremde und mit der Kundschaft des gemeinsam betriebenen Geschäfts verbunden weiß, während Georg als einzige Bündnispartnerin seine Braut hat. Jenen jungen Mann, den Georg für seinen Freund ausgibt, hat der Vater längst für sich gewonnen. Die Braut aber, so stellt der Vater in Aussicht, wird er hinwegfegen. Zu spät ist nach Ansicht des Vaters Georg »reif geworden« (54). Er, der nur von sich selbst wusste und nur an sich selbst dachte, war zunächst »ein unschuldiges Kind«, dann aber »ein teuflischer Mensch« (54). Deshalb fühlt sich der Vater zu dem Richtspruch berechtigt: »Ich verurteile dich jetzt zum Tod des Ertrinkens!« (54).

Die Verurteilung des Sohnes durch den Vater

Der Vollzug des Strafbefehls (54,25–55,6)

Der Vollzug des Urteils

Tatsächlich läuft der Sohn zur Treppe, nimmt noch wahr, wie der Vater aufs Bett stürzt, springt aus der Haustür über die Fahrbahn zum Brückengeländer und lässt sich »hinabfallen« (55). Sein Ausruf »Liebe Eltern, ich habe euch doch immer geliebt« dürfte kaum gehört werden, da über die Brücke »ein geradezu unendlicher Verkehr« (55) geht.

3. Personen

Einblick in eine reale Familiengeschichte?

Da der Autor seinen *Brief an den Vater* mit seinem Vornamen Franz unterzeichnet und im Laufe seiner Darlegungen ganz selbstverständlich von seiner Mutter, seinen Geschwistern und anderen Verwandten schreibt, liegt der Schluss nahe, dass der Text Einblick in eine reale Familiengeschichte gibt. Der Eindruck verstärkt sich, wenn der Verfasser seine Schwestern mit den in der Familie gebräuchlichen Kurznamen Elli, Valli und Ottla benennt. Das scheint der Beweis dafür zu sein, dass von Personen aus dem tatsächlichen Umfeld des Autors berichtet wird.

Die Familie Kafka als literarischer Stoff

Das ist auch insoweit richtig, als die Familie Kafka mit den genannten Personen im ersten Drittel des 20. Jahrhunderts in Prag gelebt hat. Diese Familie ist für den Autor Franz Kafka nicht nur Existenzgrundlage und Lebenswelt, sondern bietet ihm zugleich das Material für seine Werke. Dabei ist selbstverständlich, dass er seinen Stoff gemäß seinen Vorstellungen umgestaltet. Nun wird auch der wahrheitsgetreueste Biograph niemals das objektive Bild – ein Widerspruch in sich – von einer Person oder einer Familie zeichnen können. Betont subjektiv urteilt jedoch der Verfasser eines Briefs, der sich zugleich als Handlungs-Ich und als Schreib-Ich zu erkennen gibt.

Stoff aus der Erfahrungswelt

Stoff aus seiner Erfahrungswelt verarbeitet der Autor Franz Kafka auch da, wo er in der Geschichte *Das Urteil* von dem Konflikt zwischen Vater und Sohn Bendemann erzählt. Er hat in der Erzählung wie in den anderen »poetischen

Arbeiten Konstellationen der eigenen Vita«[7] über- und zum Teil vorweggenommen. Dabei entfernt sich in den eindeutig fiktionalen Texten das Bild – vor allem des Vaters – immer weiter von der Wirklichkeit. Kafka spielt auch in den fiktionalen Texten die Rolle des unterdrückten Sohnes aus, »der seine Furcht vor dem Vater mit obsessiver Lust kultiviert, weil sie für ihn die Bedingung seiner Existenz bildet«[8].

Wenn den folgenden Personendarstellungen eine kurze Geschichte der Familie Kafka vorangestellt wird, so wird damit nicht Wahrheit gegen Dichtung gestellt; vielmehr ist beabsichtigt, solche Grundzüge der familiengeschichtlichen Situation möglichst neutral aufzuzeigen, die in den Texten des Autors in literarischer Aufbereitung erscheinen.

Stoff und literarische Aufbereitung

Kurze Geschichte der Familie Kafka

Sowohl Hermann Kafka, der Vater des Dichters, als auch die Mutter Julie Kafka, geborene Löwy, stammen aus jüdischen Familien mit einer langen Tradition.

Hermann Kafka wuchs mit seinen Geschwistern in der jüdischen Siedlung des böhmischen Dorfes Osek, auch »Wossek, Wohsek und Ossek geschrieben«[9], auf: »Am Ende des 18. Jahrhunderts bestand die jüdische Kommunität aus etwa 16 Familien.«[10] Hermann hatte zwei Schwestern – Anna und Julie – und drei Brüder – Filip, Heinrich und Ludwig. Die Familie musste »ein sehr bescheidenes Leben führen, bitterarm war sie aber nicht: Das war erst die spätere Projektion der wohlhabend gewordenen Kinder.«[11] Wenn

Hermann Kafka, der Vater

Hermann Kafka seinen Kindern vorhält, dass sie »in Saus und Braus« (*Brief*, 7) leben, während er und seine Geschwister in ihrer Kindheit schon »glücklich waren, wenn wir Erdäpfel hatten« (*Brief*, 25), so ist das wahrscheinlich übertrieben, vielleicht aber auch ein Versuch, zur Bescheidenheit zu erziehen.

Julie Kafka, die Mutter

Julie Löwy stammte aus einer höheren sozialen Schicht. Sie wuchs in der etwa 60 Kilometer östlich von Prag gelegenen Stadt Podebrady in einer alteingesessenen, angesehenen jüdischen Familie auf. Die Familie lebte in einem »behäbigen einstöckigen Haus auf dem Podebrader Marktplatz«, Julie »als gutbürgerliche Tochter« inmitten von fünf Brüdern, »mit welchen sie sich ihr ganzes Leben lang gut verstand«[12].

Heiratsvermittlung, Ehe, Familie

Wie damals in jüdischen Familien üblich, kam »der erste Kontakt zwischen Hermann Kafka und Julie Löwy [...] durch eine Heiratsvermittlung zustande«[13]. Getraut wurden die beiden am 8. September 1882. Die Biographin meint, »der Heiratsvermittler« habe eine »ausgesprochen glückliche Hand« gehabt: »Hermann Kafka hätte kaum eine bessere Frau als Julie Löwy bekommen können [...]. Aber auch Julie Löwy hätte kaum einen besseren Mann finden können.«[14] Hermann Kafka war ein gutaussehender stattlicher Mann; Julie Kafka war ruhig und zurückhaltend, war ihrem Mann kulturell überlegen, im Geschäft eine unentbehrliche Hilfe und übte gemäß jüdischer Tradition im familiären und häuslichen Bereich das übliche »verborgene Matriarchat«[15] aus.

Die Eheleute Hermann und Julie Kafka halten Kontakt zu ihren Verwandten. Aus der Kafka-Linie werden Her-

Beziehungen zur Verwandtschaft

manns Brüder »Philipp, Ludwig, Heinrich« (*Brief*, 9) erwähnt. Eine Tochter Ludwigs, »Irma« (*Brief*, 34), arbeitet später im Geschäft der Kafkas. Zu den Löwys gehören Julies Brüder Alfred, Richard, Josef. Von diesen wird Onkel Richard herausgehoben, der auch deshalb als Leitbild dienen könnte, weil er, obwohl er »anders« ist als Vater Hermann, trotzdem »geheiratet« hat und »darunter nicht zusammengebrochen« ist (*Brief*, 56). Fest steht, dass Hermann und Julie Kafka jenen Familiensinn haben, den sie bei ihrem Sohn Franz vermissen.

Franz, der Erstgeborene

Am 3. Juli 1883, zehn Monate nach der Eheschließung, wurde »Julie von einem Jungen entbunden, der den kaisertreuen Vornamen Franz bekommt – ein zartes, aber gesundes Kind«[16]. Auf dem Erstgeborenen ruhten vor allem die Hoffnungen des Vaters, der ganz selbstverständlich erwartete, dass dieser Sohn einst das elterliche Geschäft weiterführen und das Ansehen und das Vermögen der Familie mehren werde.

In den Jahren 1885 und 1887 wurden die Söhne Georg und Heinrich Kafka geboren – zwei »Brüder«, die »klein starben« (*Brief*, 9), der eine an Masern, der andere an einer Mittelohrentzündung. Franz blieb also der einzige Hoffnungsträger – auch, als »die Schwestern [...] lange nachher kamen« (*Brief*, 9).

Die Töchter Elli, Valli und Ottla

Tochter Gabriele, genannt Elli, kam am 22. September 1889 zur Welt, Valerie, genannt Valli, am 25. September 1890, und Ottilie, genannt Ottla, am 22. Oktober 1892. Die drei Mädchen entwickelten unterschiedliche Beziehungen zu ihrem Bruder und zu ihrem Vater. Gemeinsamer Bezugspunkt hätte die Mutter sein können. Da die Mutter jedoch aus der Sicht des Briefschreibers dem Vater »zu sehr treu ergeben war« und ihm »mit den Jahren immer noch enger verbunden« (*Brief*, 30) war, fühlte sich der Sohn in der Auseinandersetzung mit dem Vater weitgehend alleingelassen.

Die Ausbildung

Während Franz eine gymnasiale Ausbildung erhielt, Jura studierte und promovierte (*Brief*, 44–46), besuchten die Schwestern »die deutsche Mädchenschule in der Fleischergasse«[17]. Zu Hause war eine Erzieherin für sie da. Für Gabriele ist bezeugt, dass sie »Schülerin an der privaten deutschen Mädchenfortbildungsschule« war, die sich das Ziel gesetzt hatte, »Mädchen aus bürgerlichen Familien ein gewisses kulturelles Niveau zu vermitteln, mit dem Ziel, sie auf ihre Rolle als Gattinnen vorzubereiten«[18].

Verheiratung

Die Verheiratung der Töchter war üblicherweise Sache der Eltern: »Die Partnerwahl wurde natürlich nicht dem Zufall und schon gar nicht den Gefühlen überlassen, sondern einer Heiratsvermittlerin anvertraut.«[19] Ziel war, »die Zukunft der Töchter geschickt zu sichern und dafür die passenden Gatten aus den entsprechenden Familien zu finden«[20]. Mit »dem ›Wert‹ der Töchter auf dem Heiratsmarkt«[21] wurde zugleich der Stellenwert der Familie in der bürgerlichen Gesellschaft bestimmt.

Gabriele und Karl Hermann

Für Gabriele wurde sehr schnell der sechs Jahre ältere Geschäftsmann Karl Hermann gefunden, der »Gabriele auf Anhieb gefallen haben«[22] muss und auch Hermann Kafka, »der bei ihm jene kaufmännischen Fähigkeiten zu entdecken glaubte, die er bei seinem Sohn vermisste«[23]. Am 27. November 1910 fand die Hochzeit statt. Am 9. Dezember 1911 brachte Gabriele ihren Sohn Felix zur Welt, der dem Großvater Hermann »etwas von jener Wärme geben« sollte, die »die Kinder [...] nicht geben konnten« (*Brief*, 10).

Valerie und Josef Pollak

Es dauerte eine Zeit, bis für Valerie »der acht Jahre ältere Josef Pollak, ein Angestellter und späterer Prokurist in der Papierbranche«[24] vermittelt werden konnte. Die Verlobung wurde am 15. September 1912 gefeiert. In der Familie wurde dieser Bräutigam Pepa genannt (*Brief*, 12). Am 12. Januar 1913 heiratete das Paar; im Dezember 1913 wurde ihre Tochter Marianne geboren, ein Jahr später die zweite Tochter Lotte.

Traditionsbruch und Konflikte

Im Gegensatz zu Elli und Valli schwenkten Ottla und Franz nicht in die von der Tradition vorgegebene und von den Eltern erwartete Bahn ein, sondern sorgten für die heftigsten Konflikte.

Ottilies Weg

Ottla suchte einen eigenständigen Weg. Sie half zunächst – im Gegensatz zu ihren Geschwistern – im elterlichen Geschäft, war fleißig, tüchtig, fast unersetzlich, plante dann jedoch, »sich als Landwirtin ausbilden« zu lassen und später »nach Palästina zu gehen«[25]. Im April 1917 übernahm sie »die Verwaltung des verwaisten Hofes von Hugo Hermann, dem Bruder ihres Schwagers Karl, im westböhmischen Zürau«, was zu »Entfremdung« von den Eltern und zum »Kampf« mit dem Vater führte (*Brief*, 32–34). In Ottla, so urteilt der Schreiber des Briefes, paarten sich »Löwischer Trotz« mit »Kafkascher Kraft« (*Brief*, 32). Die Distanz zu den Eltern vergrößerte sich, als Ottla die Bekanntschaft mit dem Sparkassenangestellten »Josef David, einem christlichen Tschechen«[26] machte, den sie später – am 15. Juli 1920 – heiratete. Für die

Deutsch sprechenden Kafkas bleibt der betont·Tschechisch redende Christ auf zweifache Weise fremd.

Franz Kafka und Felice Bauer

Während Ottla ihre Freundschaft mit Josef David vor den Eltern noch geheim hielt, ihren Bruder Franz jedoch ins Vertrauen zog, konnte Franz seine Bekanntschaft mit Felice Bauer vor den Eltern nicht verbergen. Julie Kafka hatte im November 1912 einen Brief Felices in der Rocktasche ihres Sohnes gefunden und daraufhin »Felice einen Brief (geschrieben), in dem sie ihr die Sorgen um Franz' Gesundheit anvertraut«[27] hat. Mutter Kafka war nach wie vor davon überzeugt, dass das Heiraten eine Familienangelegenheit sei. Später, als die Verlobung von Felice und Franz gelöst ist, schreibt Julie in einem Brief an Anna Bauer, Felices Mutter: »Vielleicht ist er nicht für die Ehe geschaffen, denn sein Trachten ist nur sein Schreiben, das ist ihm das Wichtigste im Leben.«[28]

Der Ausbruch der Krankheit

Trotzdem verloben sich Franz Kafka und Felice Bauer Anfang Juli 1917 ein zweites Mal. Doch dann wird Franz in der Nacht vom 9. auf den 10. August in seiner Wohnung im Schönborn-Palais (*Brief*, 43) von einem Blutsturz überrascht. Ehe er die genaue Diagnose kennt, schreibt er Felice: »Ich werde nicht mehr gesund werden.«[29] Er geht zwar weiter seiner Arbeit in der Arbeiter-Unfallversicherung nach, unterbrochen von Kuraufenthalten. Bei einem dieser Kuraufenthalte lernt er Julie Wohryzek kennen. Als er seine Eltern von seiner neuerlichen »Heiratsabsicht« (*Brief*, 50) informiert, bricht ein neuer Konflikt auf. Im November 1919 »wird er in der Pension Stüdl in Bad Schelesen (Zelízy) den *Brief an den Vater* schreiben – seine innere Biographie und Ausdruck der subjektiven Wahrheit, die mit der gelebten Wirklichkeit nicht immer gleichzusetzen ist«[30].

Fest steht, dass Vater und Sohn ihre gegenseitigen Erwartungen nicht erfüllt sehen. Vater Kafka »wünschte sich sehnlichst Kafkas Eintritt in das elterliche Geschäft und eine Fabrikantentochter als Schwiegertochter«[31]. Durch Teilhaberschaft an den »Prager Asbestwerken HERMANN & Co« hoffte er ein »kleines Industrie-Imperium aufzubauen«[32]. Dabei setzte er auf die zumindest juristisch beratende Hilfe seines Sohnes. Dieser fühlte sich jedoch derart in der für ihn einzig möglichen Existenzweise bedroht, dass er zeitweise an Selbsttötung dachte. Hermann Kafka hatte weder für die Lebensweise noch für die Lebensziele seines Sohnes Verständnis. Seine Hauptsorge galt dem Geschäft. »Gegen die Angst vor dem Rückfall in die unverschuldete Armut« kämpfte er »mit auf die Herzgegend gelegten kalten Umschlägen«[33]. Zeit für private Interessen blieb nicht. Abends nach der letzten Mahlzeit um 21.30 Uhr wurde das *Prager Tagblatt* gelesen und zum Kartenspiel aufgefordert. Gespielt wurde »Franzefuß«, ein Spiel, zu dem man nach Franz Kafkas Aussage »weniger Verstand als zum Holzhacken«[34] brauchte, dem er sich nach Möglichkeit entzog und dessen Begleiterscheinungen – »Pfeifen, Singen, Hohngelächter und Karten-auf-den-Tisch-Hämmern«[35] – auf die Nerven gingen.

Der Vater-Sohn-Konflikt

Das Bild, das Franz Kafka von seinem Vater zeichnet, ist einseitig und erklärt sich weitgehend aus seiner inneren Befindlichkeit. Überliefert sind parallel die Lebenserinnerungen von Frantisek Basik, der von seiner Lehrzeit im Geschäft der Kafkas berichtet: »Herr Kafka war ein ruhiger, fast sanfter Mensch.«[36] Er erklärt genauer: »Während in an-

Kafkas Bild von seinem Vater

deren Geschäften, und besonders in den Kaufläden, die Lehrlinge geohrfeigt und für jede Dummheit geschlagen und sie überhaupt wie die Lehrlinge im Handwerksgewerbe behandelt wurden – grob, ja brutal«[37], ist das in Hermann Kafkas Geschäft anders, dort hat dieser Frantisek mehr von den übrigen Angestellten zu fürchten als von seinem Chef oder seiner Chefin. So glauben neuere Biographen, dass man dem Vater Kafkas Unrecht tut, wenn man sich einzig auf das Bild verlässt, das der Sohn von ihm zeichnet; denn: »Für alle anderen, für Max Brod genauso wie auch für den Lehrling Frantisek Basik, war Hermann Kafka kein Tyrann, sondern ein ganz normaler, etwas strenger, manchmal launischer Mensch und Chef.«[38]

Der Generationenkonflikt und der Zusammenbruch der alten Ordnung

Der Generationenkonflikt, der sich in der Familie Kafka abspielte, fällt in eine Zeit großer geschichtlicher Umbrüche. Als Kafka den *Brief an den Vater* schrieb, war die von den Habsburgern beherrschte Monarchie auseinandergefallen. In den Friedensverträgen nach dem Ende des Ersten Weltkriegs hatte Europa sich eine neue Ordnung gegeben, die des Schutzes und der Sicherung bedurft hätte. Doch die erhoffte Konsolidierung gelang nicht. Im Gegenteil: Am Ende einer relativ kurzen Friedenszeit, die sich im Nachhinein als Zwischenkriegszeit zu erkennen gab, führten die deutschen Nationalsozialisten Europa in eine Katastrophe, von der vor allem die Juden und unter ihnen auch die jüdische Familie Kafka betroffen waren.

Tod und Vernichtung in der Familie Kafka

Hermann Kafka starb 1931 an Herzversagen, seine Frau Julie im Jahr 1934 an Nierenversagen. Karl Hermann, der Ehemann Ellis, erkrankte an Krebs und starb »1939 als der letzte in der Familie, dem noch ein natürlicher

Tod vergönnt war«[39]. Am 15. März 1939 hatten Einheiten der deutschen Wehrmacht den Rest der Tschechoslowakei besetzt. Ab dem 19. September 1941 müssen die Juden im Protektorat Böhmen und Mähren den gelben Judenstern tragen. Kurz darauf beginnen die ersten Deportationen, offiziell werden sie »als Aussiedlungen bezeichnet, wonach die Juden in neue Siedlungsgebiete umgesiedelt werden sollen«[40]. Elli und Valli erhalten im Oktober 1941 ihre »Einberufung nach Lodz«[41]. Über ihr weiteres Schicksal ist nichts bekannt. Ottla, seit einiger Zeit geschieden, erhält am 3. August 1942 ihre »Einberufung nach Theresienstadt«[42], wird am 5. Oktober 1943 »in einer Nacht-und-Nebel-Aktion nach Auschwitz«[43] gebracht und »dort gleich nach der Ankunft vergast«[44].

Das schreibende Ich in Kafkas *Brief an den Vater*

Die Perspektive des schreibenden Ichs

Gegen Ende des Briefes, der an seinen Vater adressiert ist, zieht der Schreiber den Schluss: »So endet mein bisheriges Leben mit Dir, und solche Aussichten trägt es in sich für die Zukunft« (57). Der Schreiber möchte den Brief folglich als Bilanz eines Lebens verstanden wissen, das seiner Einschätzung nach wesentlich durch die Einwirkungen des Vaters bestimmt wurde. Indem er versucht, dem Vater die Frage zu beantworten, warum er behauptet, »Furcht« (7) vor ihm zu haben, muss er erklären, wie es zu dieser Furcht gekommen ist, wie sie sich auf ihn ausgewirkt hat, welche Folgen sie hatte und welche weiteren Folgen zu erwarten sind. So entsteht eine verdeckte Autobiographie, in der die Leitfragen »Woher komme ich? Wer bin ich? Wohin gehe ich?« perspektivisch verengt sind auf die Auseinandersetzung mit dem Vater: »Was hast du mir angetan? Wie bin ich durch dich geworden? Wie stehe ich jetzt da?«

Bilanz

Der Schreiber, der im sechsunddreißigsten (50) Lebensjahr steht, blickt auf einzelne Stationen seines Lebenswegs zurück, berichtet über seine Beziehungen zu Verwandten und Bekannten, schildert knapp seinen Bildungs- und Berufsweg und zieht am Ende die erwähnte »Bilanz« (56).

Prägende Vorfälle aus der Kindheit

Eingeprägt hat sich »ein Vorfall aus den ersten Jahren«, als das »in der Nacht immerfort um Wasser« winselnde Kind auf den Balkon ausgesperrt wurde, sich als ein »Nichts« und den Vater als »die letzte Instanz« wahrnahm (11). Weiter erinnert der Schreiber sich, dass er sich beim Umziehen in der Badeanstalt durch die »Körperlichkeit« des Vaters »niedergedrückt« fühlte und merkte, dass er selbst »mager, schwach, schmal« war (12). Als er dann zunehmend die »geistige Oberherrschaft« des Vaters anerkennen musste, bekam der Vater im Bewusstsein des Sohnes »das Rätselhafte, das alle Tyrannen haben« (13). Nicht nur er, der Sohn, sondern auch alle anderen Menschen seiner Umgebung schienen gegen diesen Mann »vollständig wehrlos« (15) zu sein. Das den Sohn bis in die Gegenwart »oft beherrschende Gefühl der Nichtigkeit« führt der Schreiber letztlich zurück auf den »Einfluß« des Vaters und auf dessen verfehlte »Erziehungsmittel« (10).

Die »Mutter«, so erinnert sich der Schreiber, war »grenzenlos gut zu mir« (24); doch übernahm sie im Laufe der Zeit immer mehr des Vaters »Urteile und Verurteilungen hinsichtlich der Kinder« (30). Da aber entzog sich der Sohn der Familie, suchte außerhalb der Familie Freunde, von denen er dann schnell merkte, dass sie von seinem Vater nur »mit Beschimpfung, Verleumdung, Entwürdigung« (14) bedacht wurden. Auch die Religion, das Judentum, bot keinen Ausweg. »Aber«, so der Ausruf, »was war das für ein Judentum, das ich von Dir bekam!« (37). Weder im Glauben noch im Nicht-Glauben gab es eine Gemeinsamkeit. Alles Fliehen nutzte also nichts, da es keinen Fluchtpunkt gab.

Der Rückzug des Sohnes aus der Familiengemeinschaft

Der Einschätzung des Vaters, als Kind sei sein Sohn »besonders fleißig« (42) gewesen, tritt dieser entgegen und erklärt, dass sein »Gesamtergebnis an Wissen [...] kläglich« sei, dass ihn die »Sorge um [s]eine Gesundheit« so lange umgetrieben habe, bis »der Weg zu aller Hypochondrie frei« gewesen sei (43). Während der gesamten Schullaufbahn hätte ihn die Angst, im nächsten Augenblick zu scheitern, nicht losgelassen. Die Hoffnungen, die er auf ein »Chemiestudium«, dann auf ein »Deutschstudium« (45) gesetzt habe, seien unsinnig, das Studium der Rechtswissenschaft nicht mehr als eine Verlegenheitslösung gewesen. Seine »Selbstbewertung« sei so gering gewesen, dass er sich nicht mehr zugetraut habe, »einen wirklichen Beruf erreichen zu können« (44).

Ängste und Sorgen des Ichs

Dass seine bisherigen »Heiratsversuche« (46) misslungen sind, erklärt der Schreiber »als Mitergebnis« der väterlichen Erziehung: Die durch die verfehlte Erziehung verursachte »Schwäche, der Mangel an Selbstvertrauen, das Schuldbewusstsein [...] zogen förmlich einen Kordon zwischen mir

Die misslungenen Heiratsversuche

und der Heirat« (46). Zu tief habe sich in ihm das Gefühl der »Unfähigkeit« (56) und das Bewusstsein von »Schuld« (57) festgesetzt.

Die »kleinen Selbständigkeitsversuche«

Einzig »im Schreiben und in dem, was damit zusammenhängt« sieht der Schreiber »kleine Selbständigkeitsversuche, Fluchtversuche mit allerkleinstem Erfolg« (55). Die Tatsache, dass der Vater nicht im Ansatz einschätzen konnte, was »Bücher« (41) für den Sohn bedeuteten, habe die Distanz zwischen Vater und Sohn verstärkt, diesem allerdings auf Augenblicke ein Gefühl von Freiheit gegeben. Im Grunde seien alle Schreibunternehmungen des Sohnes eine Auseinandersetzung mit seinem Vater: »Mein Schreiben handelte von Dir, ich klagte dort ja nur, was ich an Deiner Brust nicht klagen konnte« (42).
Das Ich scheint den einzig möglichen Ausweg aus seiner prekären Lage darin zu sehen, das eigene Scheitern zum Gegenstand des Schreibens zu machen.

Der angeschriebene Vater in Kafkas *Brief an den Vater*

Der Vater als Adressat

In dem mit »Liebster Vater« (7) eröffneten und offensichtlich zunächst als Privatbrief konzipierten Text beabsichtigt der »sechsunddreißigjährige« (50) Schreiber, seinem 67-jährigen Vater auf dessen »letzthin einmal« gestellte Frage, warum er, der Sohn, behaupte, er »hätte Furcht« vor ihm, »schriftlich zu antworten« (7). Der Sohn als Schreiber und der Vater als Adressat sind die beiden Hauptpersonen des Textes. Der Text ist folglich als Teil eines bisher nicht zustande gekommenen Dialogs zu verstehen, in dem der Schreiber seine früher geäußerte Behauptung dadurch zu stützen versucht, dass er sich als den Fürchtenden und den Vater als den Gefürchteten ausweist. Dazu nimmt er die Person des Vaters als Familienoberhaupt, als Geschäftsmann und als Erzieher in den Blick.

Die Selbsteinschätzung des Vaters und die Vorwürfe gegen den Sohn

Der Vater, so referiert der Schreiber, stellt sich selbst als einen Mann dar, der »sein ganzes Leben gearbeitet« und »alles für [s]eine Kinder geopfert hat«, der dafür »keine Dankbarkeit«, wohl aber »irgendein Entgegenkommen, Zeichen eines Mitgefühls« (7) erwartet. Seinen jüdischen Glauben praktiziert er nachlässig. Er geht »an vier Tagen im Jahr in den Tempel« und gehört zu den »Gleichgültigen« (37). Deshalb ist der Vorwurf, der Sohn sei nicht zu ihm »in den Tempel gekommen«, weniger gewichtig als die übrigen Vorwürfe, die besagen, er habe keinen »Familiensinn«, kümmere sich nicht um das »Geschäft« und die »Fabrik«, verkrieche sich in sein Zimmer und habe mit ihm, dem Vater, nie »offen gesprochen« (7). Für den Sohn ist der Vater eine Instanz, die sich selbst für untadelig hält, die ständig konkrete Vorwürfe erhebt, die das letzte Urteil spricht und ganz allgemein Furcht erregt.

Die Wirkung des Vaters auf den Sohn

Dieser Vater wirkt auf seinen Sohn »riesenhaft« (22). Er zeichnet sich aus durch »Stärke, Gesundheit, Appetit, Stimmkraft, Redebegabung, Selbstzufriedenheit, Weltüberlegenheit, Ausdauer, Geistesgegenwart, Menschenkenntnis« (9). Schon auf Grund seiner »Körperlichkeit« – »stark, groß, breit« (12) –, aber auch durch die unverkennbare »geistige Oberherrschaft« (13) hat er auf »den heranwachsenden jungen Mann« so gewirkt, als regierte er von seinem »Lehnstuhl die Welt« (13). Einerseits war der Sohn durchaus »stolz auf den Körper [s]eines Vaters« (13), andererseits machte ihm der »Vater, die letzte Instanz« die eigene »Nichtigkeit« bewusst (11). Das nie erschütterte »Selbstvertrauen« (13) des Vaters, die Selbstsicherheit, die keine andere Meinung gelten lässt, die Ausbrüche von »Temperament und [...] Jähzorn« (9) ließen den Vater allmählich als einen der vielen »Tyrannen« erscheinen, deren »Recht auf ihrer Person, nicht auf dem Denken begründet ist« (13).

Anerkennung und Kritik am Vater

Dass sich der Vater »allein durch eigene Kraft so hoch hinauf gearbeitet« (13) hat, erkennt der Sohn an und bewundert sogar die »großartigen kaufmännischen Talente« (27). Er weiß, dass der Vater »ganz an das Geschäft gebunden« (11) ist, dass er zwischenzeitlich »in Sorge und Plage« (14) lebte, kritisiert aber heftig, wie er seine »Herrschsucht« (28) auch im Geschäft auslebt. Die »Behandlung des Personals«, das »Schimpfen«, die Äußerungen des »Zorns«, die herabsetzenden Bemerkungen über die Angestellten sind Zeichen der auch im Geschäft ausgeübten »Tyrannei« des Vaters (28).

Der Vater als Ehemann

Überraschend positiv schildert der Schreiber die Ehe seiner Eltern – »mustergültig in Treue, gegenseitiger Hilfe, Kinderzahl, und selbst als dann die Kinder groß wurden und immer mehr den Frieden störten, blieb die Ehe als solche davon unberührt« (54). Den Grund sieht er einerseits in den schon genannten anerkennenswerten Eigenschaften des Vaters wie »Stärke, Gesundheit, Redebegabung, Selbstvertrauen, Weltüberlegenheit, Menschenkenntnis«, andererseits führt er jetzt auch Eigenschaften auf, die er verabscheut, die aber nach seiner Einschätzung »zur Familienerhaltung oder gar zu ihrer Führung« (55 f.) notwendig sind, wie »Verhöhnung des anderen, eine gewisse Maßlosigkeit, Unzulänglichkeit, Unzufriedenheit mit jedem andern, Tyrannei und Mißtrauen gegenüber den meisten« (56). Dadurch wird das positive Bild, das er vom Zusammenleben seiner Eltern malt, zu Ungunsten des Vaters geschwärzt.

Die Dominanz des Vaters

In der Familienführung setzte der Vater absolute Dominanz durch. Seine »Urteile und Verurteilungen hinsichtlich der Kinder« übernahm dann die Mutter im Laufe der Jahre und litt an dem »Kampf, den […] wir […] führten«, den sie nicht ertragen hätte, »wenn sie nicht aus Liebe zu uns allen und aus dem Glück dieser Liebe die Kraft zum Ertragen genommen hätte« (30). Von den Schwestern fügte sich Valli dem Vater »ohne viel Mühe und Schaden« (31); Elli gelang der Durchbruch »aus Deinem Kreis« (31); Ottla hat sich im ständigen Kampf »nur Haß« (32) zugezogen; er aber, der Sohn, hat nicht einmal gekämpft; er war »bald erledigt; was übrigblieb war Flucht, Verbitterung, Trauer, innerer Kampf« (32).

Das Schuldbewusstsein des Sohnes

Den Grund für die gescheiterte Erziehung, für die eingetretene »Entfremdung« (8, 27), für das den Schreiber »oft beherrschende Gefühl der Nichtigkeit« (11) formuliert er so: »als Vater warst Du zu stark für mich« (9). Der Vater, so glaubt er, bestimmte sein Denken und Handeln, ließ keinerlei Widerrede zu, machte die Freunde seines Sohnes nieder, nahm dessen Erfolge nicht wahr und verursachte bei dem Sohn ein »Schuldbewußtsein« (24, 36, 43, 46, 55), das diesen unfähig zu Beruf und Ehe machte. Dem Sohn hinwiederum gelang es nicht, der »Tyrannei« (53) des Vaters zu entfliehen oder ihr entgegenzutreten. Eine Versöhnung kam nie zustande.

Das Bild des Tyrannen

So setzt sich das Bild eines Tyrannen zusammen, dessen »herrisches Temperament« (17) sich zur »Herrschsucht« (28) entwickelte. Übersteigertes Selbstbewusstsein paarte sich mit Uneinsichtigkeit. Im Reden wirkt dieser Vater unkontrolliert, im Umgang mit seinen Mitmenschen herablassend, im Benehmen bei Tisch abstoßend. Damit begründet der Schreiber seine innere und äußere Ablehnung dem Vater gegenüber und seine Furcht vor ihm.

Der Vater in *Das Urteil*

Der geschwächte Vater

Georg Bendemanns Vater war vor Jahren ein erfolgreicher Geschäftsmann und glücklich verheirateter Familienvater. Jetzt ist er verwitwet, hat die »verschiedenen Andenken an die selige Mutter« (47) in seinem Zimmer aufgestellt, sein »Gedächtnis läßt nach«, und er ist für die Aufgaben des Geschäftsführers »nicht mehr kräftig genug«, sodass ihm »manches entgeht« (48), seit der Sohn das Geschäft übernommen hat und er in den Hintergrund getreten ist.

Die Lebensbedingungen von Vater und Sohn

Vater und Sohn bewohnen gemeinsam die Etage eines Hauses am Fluss. Das Zimmer des Vaters liegt zur dunklen Hofseite, das des Sohnes zur hellen Frontseite hin. Vater und Sohn sehen sich wochentags »ständig im Geschäft«, nehmen das »Mittagessen« gemeinsam »in einem Speisehaus ein« und sitzen abends oft »im gemeinsamen Wohnzimmer« (46). Als Georg Bendemann an diesem Sonntagvormittag das Zimmer des Vaters betritt, trifft er den Vater noch im Schlafrock beim Frühstück an, eine Zeitung lesend. Nichts deutet auf einen Konflikt zwischen Vater und Sohn hin, nichts auf eine Unzufriedenheit des alternden Mannes.

Die Einschätzung des Vaters durch den Sohn

Einerseits geht dem Sohn beim Anblick des Vaters der Gedanke durch den Kopf »mein Vater ist noch immer ein Riese« (47), andererseits glaubt er zu bemerken, dass sein Vater Fürsorge braucht. Er schlägt dem Vater vor, die Zimmer zu tauschen, die ganze Lebensweise zu ändern, einen Arzt zu holen und sich augenblicklich ins Bett bringen zu lassen. Der Vater lässt sich tatsächlich ausziehen und ins Bett tragen. Er scheint in eine frühkindliche Phase zurückzufallen, wenn er mit der »Uhrkette« (50) des Sohnes spielt und sich an der Uhrkette festhält. In dieser Situation wirkt er jämmerlich und Mitleid erregend.

Der offene Konflikt

Zweimal fragt er: »Bin ich gut zugedeckt?« (51). Als der Sohn das bestätigt, wirft er ganz plötzlich »die Decke zurück mit einer Kraft, daß sie einen Augenblick im Fluge sich ganz entfaltete«, und ruft: »Du wolltest mich zudecken, das weiß ich, mein Früchtchen, aber zugedeckt bin ich noch nicht« (51). Wie ein zurück an die Macht gekommener Herrscher steht er nun aufrecht im Bett, und dem Sohn bleibt nichts übrig als überrascht »zum Schreckbild seines Vaters« (51) aufzublicken. Der Vater rechnet ab.

Die Vorwürfe des Vaters

Zunächst macht er seinem Sohn zum Vorwurf, dass dieser seinen Freund im fernen Petersburg vernachlässigt, nicht angemessen informiert, vielleicht sogar betrogen hat. Dann, dass er »der Mutter Andenken geschändet« habe, indem er sich an eine Frau »herangemacht« hat, »weil sie die Röcke gehoben« habe (52). Mit dieser unschönen Wendung klagt er an, dass sich sein Sohn mit jenem »Fräulein Frieda Brandenfeld verlobt [hat], einem Mädchen aus einer wohlhabenden Familie« (46). Zu beiden Vorwürfen glaubt er sich offensichtlich auf Grund seiner Vorstellung von den Rechten und Pflichten eines orthodox jüdischen Familienvaters legitimiert.

Der erstarkte Vater

Die Rolle des schwachen, kraftlosen, geschäftsunfähigen alten Mannes hat der Vater nach eigener Aussage wie eine »Komödie gespielt«: »Was blieb mir übrig, in meinem Hinterzimmer, verfolgt vom ungetreuen Personal, alt bis in die Knochen? Und mein Sohn ging im Jubel durch die Welt, schloß Geschäfte ab, die ich vorbereitet hatte, überpurzelte sich vor Vergnügen und ging vor seinem Vater mit dem verschlossenen Gesicht eines Ehrenmannes davon! Glaubst du, ich hätte dich nicht geliebt, ich, von dem du ausgingst?« (52). Er beharrt nun auf der Vorstellung des starken, liebenden, aber stets überlegenen Vaters und erwartet von seinem Sohn Anerkennung, Gegenliebe und einen der Tradition verpflichteten Lebensvollzug.

Der richtende Vater

Der Vater glaubt sich berechtigt, die Braut seines Sohnes »hinwegzufegen« (53) und über den Sohn zu richten: »Ich verurteile dich jetzt zum Tode des Ertrinkens!« (54). Es scheint dies jedoch eine letzte Kraftanstrengung gewesen zu sein. Der aus dem Zimmer eilende Sohn hört noch, wie »der Vater aufs Bett stürzte« (54). Dem Leser bleibt nach dem Bild des schwachen erbärmlichen Vaters und des wieder erstarkten richtenden Vaters als letztes Bild die Vorstellung vom gestürzten und zusammengebrochenen Vater im Bewusstsein.

Der Sohn Georg in *Das Urteil*

Georg Bendemann ist »ein junger Kaufmann« (42) und sehr erfolgreich. Er hat das Geschäft seines Vaters übernommen, als dieser, durch den Tod seiner Frau gelähmt, »im Geschäft […] zurückhaltender geworden« (44) war. Der Sohn hatte »sein Geschäft mit größerer Entschlossenheit angepackt«; »das Geschäft hatte sich […] ganz unerwartet entwickelt«; »ein weiterer Fortschritt stand zweifellos bevor« (44).

Georgs Lebenssituation

Kürzlich hat er sich »mit einem Fräulein Frieda Brandenfeld, einem Mädchen aus wohlhabender Familie, verlobt« (45), wie er mit einiger Verzögerung seinem Freund in Petersburg mitteilt (46). Mit seiner Braut hat er die Zukunft geplant, in der nach eigener Einschätzung der Freund keine Rolle mehr spielen wird, während die beiden noch nicht überlegt haben, »wie sie die Zukunft des Vaters einrichten« (50) wollen. Einen festen Termin für die beabsichtigte Heirat scheinen sie noch nicht zu haben.

Mit dem Vater lebt der Sohn in dauerndem Kontakt. Beide sehen sich tagsüber im Geschäft, nehmen gemeinsam ihr Mittagessen »in einem Speisehaus« (46) ein und bewohnen gemeinsam den »ersten Stock« (42) eines der Häuser am Fluss. Die gegenseitige Vertrautheit scheint so groß zu sein, dass der Sohn sich bemüßigt fühlt, dem Vater einen Privatbrief an den fernen Freund zu zeigen, ehe er ihn abschickt.

Die Beziehung zum Vater

Durch diesen Brief, in dem Georg seinem Jugendfreund seine Verlobung mitteilt, bricht ein untergründig schwelender Konflikt zwischen Vater und Sohn auf, ohne dass der Va-

Der schwelende Konflikt

ter den Brief zu lesen erhält. Ihm genügt die Tatsache, dass der Sohn seine Verlobung erwähnt, um eine grundsätzliche Auseinandersetzung zu eröffnen. Der Sohn reagiert »verlegen« auf die Rede des Vaters, weiß nichts mit der Frage des Vaters anzufangen, ob er »wirklich diesen Freund in Petersburg« habe (48), versucht abzulenken und dem Vater in Erinnerung zu rufen, dass dieser sich drei Jahre zuvor doch »ganz gut mit ihm unterhalten« (50) habe. Scheinbar fürsorglich bringt er »den Vater ins Bett« (50) und versichert ihm, dass er »gut zugedeckt« (51) sei. – Doch würde es ihn nicht sehr belasten, wenn der Vater »fiele oder zerschmetterte« (53), also stürbe.

Georg in der Sicht des Vaters

Der Schein trügt: Der Vater will nicht zugedeckt sein, sondern er will dem Sohn den Prozess machen. Er wirft ihm vor, durch die Verlobung, verführt durch »die widerliche Gans«, den »Freund verraten«, »das Andenken der Mutter geschändet«, den »Vater ins Bett gesteckt« zu haben (52). In den Augen des Vaters ist Georg rücksichtslos, egoistisch, »ein teuflischer Mensch« (54). Als Vater glaubt er richten zu dürfen: »Ich verurteile dich jetzt zum Tode des Ertrinkens!« (54).

Das Urteil

Georg Bendemann nimmt das Urteil widerspruchslos an. Er läuft aus dem Haus und eilt »zum Wasser« (54). Es sieht so aus, als ob er sich selbst bestrafen und hinrichten, als ob er sein bisheriges erfolgreiches Leben rückgängig machen und sich mit seinen Eltern versöhnen wolle: »Liebe Eltern, ich habe euch doch immer geliebt« (55).

Der Freund in Petersburg

Für den Leser bleibt unklar, ob man sich den Freund in Petersburg als existent oder als Einbildung vorstellen soll. Im Bewusstsein von Georg Bendemann ist dieser Freund ein Mann, »der sich offenbar verrannt hatte, den man bedauern, dem man aber nicht helfen konnte« (42). Georgs Vater macht zunächst glauben, dass sein Sohn »keinen Freund in Petersburg« habe, dass Georg »immer ein Spaßmacher gewesen« (49) und der Freund einer seiner komischen Einfälle sei. Doch offensichtlich spielt der Vater selbst mit dem Sohn Komödie; und später soll man nicht nur glauben, dass der Vater den Freund »gut kannte« (51), sondern auch, dass er mit ihm einen intensiven Briefwechsel geführt hat.

Der Freund in der Darstellung Georgs und des Vaters

Übereinstimmung herrscht darüber, dass man sich diesen Freund in Russland, genauer: in Petersburg, vorzustellen hat. Dorthin ist er »vor Jahren [...] geflüchtet«, da er »mit seinem Fortkommen zu Hause unzufrieden« war (42). Seine Heimatstadt und die Familie Bendemann besuchte er ab und zu, dann seltener, zuletzt vor drei Jahren. Er begründete dies mit den politischen Verhältnissen in Russland, was jedoch wenig glaubhaft war. Bei seinen letzten Besuchen war schon deutlich geworden, dass er in der Fremde wenig Erfolg hatte, gesellschaftlich isoliert war, nicht einmal eine »rechte Verbindung mit der dortigen Kolonie seiner Landsleute« hatte, einsam und krank dahinlebte und sich auf »ein endgültiges Junggesellentum« einrichtete (42).

Grundinformationen über den Freund

Im Briefwechsel mit diesem Freund hat sich Georg Bendemann lange darauf beschränkt, »über bedeutungslose Vorfälle zu schreiben« (44), bis er sich an dem Sonntag, von dem erzählt wird, entschließt, dem Freund seine Verlobung anzuzeigen und ihm seine Braut vorzustellen.

Georgs Briefwechsel mit dem Freund

Der Vater hat – angeblich – einen regeren Briefwechsel mit diesem Freund betrieben, hat ihn immer auf dem Laufenden gehalten, hat Georgs Verlobung längst mitgeteilt und ist überzeugt, dass der Freund Georgs »Briefe zerknüllt« und »ungelesen in der linken Hand« hielt, während er sich seine, d. h. des Vaters »Briefe in der Rechten zum Lesen« vorhielt (53). Offensichtlich liegt dem Vater sehr daran, bei dem Freund höher eingeschätzt zu sein als sein Sohn; denn dieser Freund wäre für ihn, den Vater, »ein Sohn nach meinem Herzen« (51).

Des Vaters Briefwechsel mit dem Freund

Der Freund in Petersburg ist ein Punkt in der Ferne, zu dem sowohl Georg Bendemann als auch sein Vater Verbindung halten. Allerdings entwickeln sich diese Beziehungen unterschiedlich, vielleicht sogar gegensätzlich, was wiederum eine Spiegelung der Beziehungsgeschichte zwischen Vater und Sohn ist.

Personenkonstellation

Brief an den Vater

Familie Kafka

Freunde

z. B. Jizschak Löwy

Brüder des Vaters

Philipp mit Sohn Robert,
Ludwig mit Tochter Irma,
Heinrich

Franz Kafka
(1883–1924)
der schreibende Sohn

Vater **Hermann Kafka**
(1852–1931)
der Adressat

Ehefrau

Julie Kafka, geborene Löwy
(1856–1934)

Verlobte

Felice Bauer
Julie Wohryzek

Kinder

Franz (1883–1924)
Georg (1885–1886)
Heinrich (1887–1887)
Gabriele, genannt Elli (1889–1942?)
Seit 1910 ⚭ Karl Hermann
Sohn Felix
Valerie, genannt Valli (1890–1942?)
Seit 1913 ⚭ Josef Pollak
Töchter Marianne und Lotte
Ottilie, genannt Ottla (1892–1943?)
Ab 1920 ⚭ Josef David

Das Urteil

Der Jugendfreund in Petersburg

Die verstorbene Mutter

Georg Bendemann,
der Sohn

Der Vater

Frieda Brandenfeld

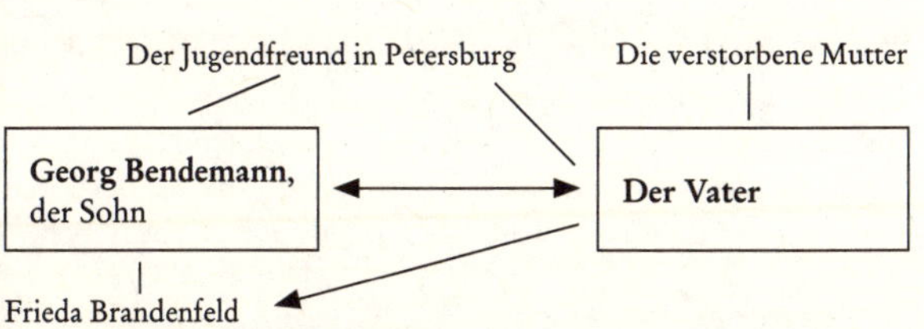

4. Die Struktur

Strukturanalyse

Das vom lateinischen Substantiv *structura* abstammende ursprüngliche Fremdwort Struktur wird im Deutschen mit »ordentliche Zusammenfügung, Ordnung, Gefüge, Bauwerk«[45] umschrieben. Der Begriff, der sich längst in den Naturwissenschaften wie in der Biologie, der Zoologie und Chemie bewährt hatte, wurde von der Literaturwissenschaft übernommen, um den Blick auf die Bauprinzipien gedichteter Texte zu lenken. Die Strukturanalyse sollte nicht nur die Einzelteile der Werke benennen, sondern »das Zusammenwirken dieser Strukturelemente in Einlinigkeit, Verweisung oder Spannung« aufdecken; Struktur »ist jeweils mehr als die Summe der Teile und bedeutet die Konstituierung des gedichteten Werkes als eine geschlossene Welt in sich.«[46] Geeignet ist dieses Vorgehen für Texte, die sich als gedichtete Werke verstehen lassen, die als in sich abgeschlossen gelten dürfen und innere Stimmigkeit erwarten lassen. Diese Voraussetzungen sind bei dem modernen Dichter Franz Kafka nicht unbedingt gegeben.

Der Prozess des Bauens

Es ist häufig – so im Falle des *Briefes an den Vater* – schon strittig, ob Kafkas Texte eindeutig als literarisch oder nicht literarisch klassifiziert werden können. Schließlich drängt sich die Vermutung auf, dass die Person des Autors, seine Lebens- und Schreibbedingungen viel mehr als bei anderen Autoren in seinen Texten verankert sind. Deswegen scheint es notwendig, die hier zur Lektüre anstehenden Kafka-Texte nicht nur als fertige Bauwerke zu betrachten, sondern den Prozess des Bauens in die Strukturanalyse einzubeziehen.

Brief an den Vater

Die Textsorte Brief bietet sehr unterschiedliche Möglichkeiten der Verwendung. Sie erstrecken sich vom knappen sachbezogenen Geschäftsbrief bis zum kunstvoll stilisierten Briefroman: »Konstitutiv für alle Formen des Briefes ist die Kommunikation zwischen räumlich getrennten Partnern. Idealtypisch betrachtet, kann sich der Briefschreiber dem Partner, dem Gegenstand oder sich selbst vorrangig zuwenden. Daraus ergibt sich die Möglichkeit des partnerbezogenen appellativen Briefes, des sachbezogenen Mitteilungsbriefes und des autorbezogenen Bekenntnisbriefes.«[47] Der Brief Kafkas an den Vater, der zwischen dem 10. und 20. November 1919 entstand und entgegen der ursprünglichen Planung auf diesen Umfang anwuchs, liegt in zwei Fassungen vor. Das Manuskript umfasst »26 Bogen à 4 Seiten«, »hat einen ausgesprochenen Reinschriftcharakter«[48] und wirkt wie ein außergewöhnlich lang geratener Privatbrief, der dem Empfänger per Post oder Boten zugestellt werden könnte. Von diesem Brief hat der Verfasser aller Wahrscheinlichkeit nach im Sommer 1920 von einer Bürokraft der Arbeiter-Unfall-Versicherungs-Anstalt eine Schreibmaschinenabschrift anfertigen lassen, die allerdings kurz vor dem Ende des Textes abbricht und kein fertiges Ganzes bildet.

Textsorte Brief

Manuskript und Typoskript

Den Adressaten hat keine dieser Fassungen erreicht. Ungewiss ist, ob Kafka den Brief oder Ausschnitte davon seiner Schwester, seiner Mutter oder einer anderen Vertrauensperson gezeigt hat. Für entsprechende Vermutungen gibt es keinen Beleg. Beide Textfassungen wurden im Nach-

Erste Veröffentlichung

lass Kafkas gefunden und erstmals 1952 in der Zeitschrift *Die neue Rundschau* veröffentlicht. Anlass und Grund des Briefes sind aus den Lebenszeugnissen des Autors und aus Berichten seiner Freunde zu erschließen.

Im November 1919 suchte Franz Kafka in der nördlich von Prag gelegenen Kleinstadt Schelesen Ruhe und Erholung. In Schelesen hatte er im November 1918 die dreißigjährige Julie Wohryzek, Tochter eines jüdischen Gemeindedieners, kennen gelernt und sich mit ihr verlobt. Kafkas Vater jedoch, »dem offenbar Gerüchte über einen lockeren Lebenswandel der möglichen Schwiegertochter zu Ohren gekommen waren, hatte sich unter Aufbietung aller väterlichen Autorität gegenüber seinem 36jährigen Sohn gegen diese Verbindung ausgesprochen«[49]. Trotzdem bereitete der Sohn im Oktober 1919 die Hochzeit vor, als ihm eine Wohnung in Wrschowitz angeboten wurde. Als das Angebot jedoch zurückgezogen wurde, sah Kafka darin eine schicksalhafte Fügung und löste die Verlobung. Am 4. November 1919 reiste er dann mit seinem Freund Max Brod wiederum nach Schelesen. Seiner Schwester Ottla hatte er gesagt, dass er vorhabe, von dort aus dem Vater einen Brief zu schreiben. Die aktuelle Konfliktlage war dem Vater und dem Sohn, aber auch der Mutter und den Schwestern bewusst.

Die Konfliktlage des Schreibers

Kennzeichnend für einen nichtliterarischen Privatbrief sind Ort- und Zeitangaben, die über die Situation des Schreibenden informieren, ausgewählte Anreden, die etwas über die erstrebte Beziehung sagen, einführende Grußworte, abschließende Wünsche für den Empfänger des Briefes und eine Unterschrift. In Kafkas Manuskript-Brief sind diese

Nichtliterarischer Privatbrief?

Elemente mit der Ortsangabe »Schelesen«, der Anrede »liebster Vater« und der knappen Unterschrift »Franz« ansatzweise enthalten. Würde der Vater als der reale Adressat den Brief im November oder Dezember 1919 gelesen haben, so hätte er sich nicht nur die Schreibsituation des Sohnes, sondern auch die Konfliktlage, in der sich Vater und Sohn befanden, vergegenwärtigen können. Damit ist allerdings die Frage, ob er in der Lage gewesen wäre, den Sohn zu verstehen, ebenso wenig beantwortet wie die korrespondierende Frage, ob der Sohn den Vater versteht und ob er sich dem Vater gegenüber verständlich machen kann.

Literarischer Brief?

Innerhalb der Kafka-Forschung wird nach wie vor diskutiert, ob es sich bei dem Brief um »ein autobiographisches Dokument handelt oder um einen dem fiktionalen Werk zuzurechnenden Text«[50]. Die Tatsache, dass Kafka in der Schreibmaschinenabschrift den Entstehungsort Schelesen wegließ und die Anrede »Liebster Vater« in »Lieber Vater« änderte, lässt vermuten, dass er den abgeschlossenen Brief eher als literarische Aussage denn als Sohnes-Brief einschätzt. Umgekehrt ist gesichert, dass das Schreiben ursprünglich als Privatbrief konzipiert und begonnen wurde. Viele Details sind nur einem genauen Kenner der ursprünglichen Kommunikationssituation verständlich.

Entaktualisierung und Literarisierung des geplanten Privatbriefs

Liest man den Text als literarischen Text, so bleibt die ursprüngliche kommunikative Situation weitgehend unberücksichtigt, selbst wenn man Informationen über die zugrunde liegende Situation von Schreiber und potentiellem Empfänger einholt. Zu vermuten ist, dass dem Schreiber beim Anwachsen des Briefes »mehr und mehr die allgemeine, über seinen persönlichen Konflikt hinausgehende Bedeutung«[51] seiner Auseinandersetzung klar wurde. Nicht die aktuelle Lage, sondern der überzeitliche Konflikt rückt in den Blick. Der Text wird entaktualisiert und damit zugleich literarisiert. Er kann dann als weiteres Beispiel für die »antipatriarchalische Literatur« gelesen werden, »die in den Jahren des Ersten Weltkriegs und bald darauf entstanden war«[52] und von der Kafka nachweislich Hasenclevers Drama *Der Sohn*, Bronnens Einakter *Vatermord* und Werfels Gedicht *Vater und Sohn* kannte. Anrede und Unterschrift verlieren ihre ursprüngliche Funktion. Der Text wird nicht mehr als Kommunikationsmittel zwischen konkreten Personen verstanden, sondern als Wiedergebrauchsrede für parallele Situationen.

Die Exposition

Der Brief wird nach der unterschiedlichen Anrede sowohl in der Manuskript- wie in der Typoskriptfassung mit der Erinnerung an die Frage des Vaters eröffnet, »warum ich«, der Sohn, »behaupte, ich hätte Furcht vor Dir« (7). Die Frage des Vaters und die bisher nicht gegebene Antwort des Sohnes sind offensichtlich Anlass des Briefes. Eine schriftliche Antwort wird in Aussicht gestellt, die jedoch durch »die Größe des Stoffes« (7) belastet ist. Für den Schreiber, so soll von vornherein klar sein, ist die Situation sehr schwierig, während er annimmt, dass sich für den Vater »die Sache […] sehr einfach darstellt« (7).

Die Sachlage

Das, was der Schreiber mit dem ganz allgemeinen und inhaltlich leeren Wort »Sache« andeutet, wird im Folgenden in einzelne Positionen aufgeteilt, die zusammengefasst den Standpunkt des Vaters ausmachen. Diese Positionen sind noch einmal in solche aufzuteilen, in denen der Vater sein Handeln rechtfertigt, und in solche, in denen er dem Sohn nicht erfüllte Erwartungen vorwirft. Die Vorwürfe münden in ein zusammenfassendes »Urteil« (8), das der Sohn als Schuldzuweisung verstehen muss. Gegen den Vorwurf, an der zweifellos bestehenden »Entfremdung« zwischen Vater und Sohn trage allein der Sohn »Schuld«, während der Vater »nicht die geringste Schuld daran« habe, wendet sich der Sohn und macht das Verhandlungsangebot, dass beide, Vater und Sohn »schuldlos« seien, dass der Vater aber zugeben möge, die Entfremdung »mitverursacht« zu haben (8).

Der Brief als Teil eines Prozesses

Damit gibt sich der Text als Teil eines Prozesses zu erkennen, in dem eine Sache, die sich für den Sohn anders darstellt als für den Vater, neu verhandelt werden soll. Die Sache selbst wird kontrovers behandelt. Schon die vom Sohn referierten Rechtfertigungen und die Vorwürfe des Vaters gehörten, rhetorisch beurteilt, in das genus iudiciale[53]. Die Entgegnung durch den Sohn ist ähnlich einzuschätzen. Es geht darum, »über einen der Vergangenheit angehörenden Tatbestand im Sinne der Anklage (Klage) oder der Verteidigung«[54] zu reden, genauer: zu schreiben.

Die Prozessgegner

Vater und Sohn sind in der Situation von Gegnern in einem länger dauernden und noch nicht entschiedenen Prozess. Der *Brief an den Vater* ist zugleich Reaktion auf die Darstellungen des Vaters und Aktion des Sohnes im eigenen Interesse. Dabei ist die Situation des Sohnes schwierig: Er hat vor dem, den er fürchtet, seine Furcht zu begründen; er hat sich gegen Vorwürfe zu wehren, die seine private Lebensplanung und sein gesamtes Lebenskonzept betreffen, und er muss Anklagen gegen seinen Gegner formulieren und begründen.

Der hintergründige Streitpunkt

Der wahre Streitpunkt des aktuellen Konflikts wird zwar mit dem Stichwort »Heiratsabsicht« (8) früh angedeutet, später in Erinnerung gebracht (12), aber erst gegen Ende des Briefs ausführlich thematisiert. Dass sein »Heiratsversuch« (51) inzwischen gescheitert ist, sieht der Sohn begründet in der langjährigen verfehlten Erziehung durch den Vater, durch den Einfluss des Vaters auf sein Denken und Handeln und schließlich durch dessen verächtliche und demütigende Kommentare bezüglich der geplanten Heirat mit der nicht namentlich genannten Julie Wohryzek.

Der zentrale Vorwurf

Der entscheidende Vorwurf des klagenden Sohnes besteht jedoch in dem versuchten Nachweis, der Vater sei ein Tyrann.

Die Intentionen

An ausgewählten Beispielen versucht der Schreiber nachzuweisen, wie sich die Tyrannei zeigte, welche Folgen sie hatte, wie sie möglicherweise zu erklären ist. Der Text ist – als Anklage- und Rechtfertigungsrede – ein groß angelegter Appell; er ist Mitteilungsbrief, insofern der Schreiber gezielt ausgewählte Ereignisse und Begebenheiten zur Argumentation heranzieht; er ist Bekenntnisbrief, indem er seine eigene Befindlichkeit offenlegt (vgl. oben S. 9). Durch die vollzogene Literarisierung verliert der Brief den Partnerbezug. Er wird eher als monologischer Essay denn als Teil eines Prozesses von Rede und Widerrede gelesen.

Das Urteil

Kafkas »Geschichte« *Das Urteil* ist als Manuskript innerhalb seiner Tagebücher überliefert und umfasst 24 handgeschriebene Seiten eines Quartheftes. Die Niederschrift »erfolgte in der Nacht vom Sonntag auf den Montag am 22./23. September 1912 zwischen 10 Uhr abends und 6 Uhr morgens in der elterlichen Wohnung Niklasstraße 36«[55] in Prag. Für Kafka ist die Niederschrift dieser Geschichte ein Schlüsselerlebnis. Im Tagebuch notiert er unter anderem:

Das Schreib-erlebnis

»Diese Geschichte *Das Urteil* habe ich in der Nacht vom 22. bis 23. von zehn Uhr abends bis sechs Uhr früh in einem Zug geschrieben. Die vom Sitzen steif gewordenen Beine konnte ich kaum unter dem Schreibtisch hervorziehn. Die fürchterliche Anstrengung und Freude, wie sich die Geschichte vor mir entwickelte, wie ich in einem Gewässer vorwärtskam [...] Nur so kann geschrieben werden, nur in einem solchen Zusammenhang, mit solcher vollständigen Öffnung des Leibes und der Seele.«[56]

In den Tagen und Wochen danach liest er den Text seinen Freunden und Bekannten, dann in einer öffentlichen Lesung vor und bietet ihn zur Veröffentlichung an. Gedruckt erscheint er erstmals in Max Brods Zeitschrift *Arcadia* im Juni 1913.[57]

Die erste Veröffentlichung

Es besteht kein Zweifel, dass die Geschichte als literarischer, fiktionaler Text konzipiert und verfasst wurde. Doch auch dieser literarische Text ist tief in der Lebenswelt des Autors verankert und durch diese bestimmt. Wie Georg Bendemann und sein Vater, die Hauptpersonen der Geschichte,

Der Bezug zur Lebenswelt

wohnt Familie Kafka und der zu diesem Zeitpunkt 30-jährige Sohn Franz in einem der »Häuser, die entlang des Flusses in einer langen Reihe [...] sich hinzogen« (42). Dies mag ein erster Hinweis dafür sein, dass der literarische Text mit Elementen eines außerliterarischen Kontextes verknüpft ist.

Die Widmung

Ein Beweis für diese These kann aus der Widmung »Für F.« (42) gezogen werden. Im Manuskript, das Kafka seinem Verleger geschickt hatte, lautete die Widmung ausführlicher »für Fräulein Felice B.«[58]. Im Haus seines Freundes Max Brod hatte Kafka am 13. August 1912 die damals fünfundzwanzigjährige Felice Bauer kennen gelernt, die in Berlin lebte und zu einem kurzen Besuch in Prag war. Sehr viel später gestand er ihr, dass er sie schon »an dem kurzen Abend erkannt habe« und sich von ihr »ergriffen fühlte«[59]. Einen ersten Brief schickte Kafka am 20. September 1912 an Felice Bauer, mit der er sich später verlobte, von der er sich dann jedoch wieder trennte. Einsichtig dürfte sein, dass die Gedanken des Junggesellen Kafka, der eine Bekanntschaft gemacht und einen Briefwechsel mit einer jungen Frau im fernen Berlin begonnen hatte, auf den Autor einwirkten, der zwei Tage nach dem Formulieren des Briefes seine Geschichte schrieb.

Die Schreibsituation

In der elterlichen Wohnung in der Niklasstraße am Ufer der Moldau lebt Kafka, wie er später seiner Braut schreibt, »fremder als ein Fremder«[60]. Mit seiner Mutter spricht er »durchschnittlich nicht zwanzig Worte täglich«, mit seinem Vater wechselt er »kaum jemals mehr als Grußworte«[61]. Die Erwartungen, die vor allem der Vater an den Sohn richtete, ließen sich mit dessen Lebensplänen nicht in Übereinstimmung bringen.

Franz Kafka sieht, wie er zu Anfang des Jahres 1912 in sein Tagebuch schreibt, im »Schreiben die ergiebigste Richtung [s]eines Wesens« und fühlt sich »nur noch durch das Bureau, aber hier von Grund aus gehindert«[62]. Für den jungen Autor ist das Schreiben der Hauptinhalt und das eigentliche Ziel des Lebens, der Beruf Nebensache. In den Familienbindungen und in den Wohnbedingungen sieht er Hindernisse für die Erfüllung seiner Lebensaufgabe. Ob er in seiner beginnenden Bekanntschaft mit Felice Bauer eine Chance gesehen hat, die Krise zu überwinden, ist fraglich.

Schreiben als Lebensinhalt

Der Schreiber, der sich am Abend des 22. September 1912 zurückzieht, kann nicht voraussehen, dass in dieser Nacht eine »Eruption« geschieht, »die in der Weltliteratur ihresgleichen sucht:

Die »Eruption«

> Mit einem Schlag, scheinbar geschichts- und voraussetzungslos, war der Kafka-Kosmos präsent, schon vollständig möbliert mit jenem ›kafkaesken‹ Inventar, das dem Werk eine unverwechselbare serielle Einheit aufprägt: die übermächtige und zugleich ›schmutzige‹ Vater-Instanz […], die Überlagerung des Alltags durch juridische Strukturen, die Traumlogik der Handlung und nicht zuletzt der den Erwartungen und Hoffnungen des Helden stets entgegengesetzte Sog des Erzählflusses.«[63]

Das angesprochene kafkaeske Inventar ist einerseits in der außerliterarischen Wirklichkeit vorgegeben und andererseits eigenständig als literarischer Kosmos ausgestaltet. Die Themen des Lebensalltags wie »Leben des Junggesellen in der Familie«, »Vater-Sohn-Gegensatz«, »Verlobungs- und Heiratsabsicht« sind zugleich durchgehende literarische Motive. Die Fragestellungen werden

Das »kafkaeske Inventar«

häufig prozessartig als »Vorwurf«, »Rechtfertigung«, »Urteil« und »Bestrafung« literarisch gestaltet. Auch in diesem Sinne ist die Geschichte von Georg Bendemann und seinem Vater, gewidmet Fräulein F., ein Schlüsseltext: »Erstmals hatte er mit dem *Urteil* Thema, Figuration und Handlung eines Textes rückgekoppelt an den Anlass des Schreibens selbst und damit einen Kurzschluss erzeugt zwischen Literatur und Leben.«[64]

Der Musterfall

Die durchgehende Konzentration auf die sich entwickelnde Geschichte und die Einheitlichkeit des Schreibvorgangs waren dem Autor so wichtig, dass er daraus ein Programm ableitete und notierte: »Nur so kann geschrieben werden.«[65]

Die Struktur der Geschichte

Der Einheitlichkeit des Produktionsvorgangs entspricht die Einheitlichkeit des verfassten Textes. Die Erzählung beginnt »an einem Sonntagvormittag« (42) läuft kontinuierlich ohne Zeitsprünge, wohl aber mit einigen Rückwendungen, ab und endet wenige Stunden später. Handlungsort ist eine Wohnung »im ersten Stock eines der niedrigen, leichtgebauten Häuser, die entlang des Flusses [...] sich hinzogen« (42). Am Ende der Geschichte wird Georg Bendemann, die Hauptperson der Geschichte, aus der Tür dieses Hauses herauslaufen, »über die Fahrbahn zum Wasser« stürzen und sich vom Brückengeländer »hinabfallen« lassen (55). Jegliches Handeln, das sich in dieser begrenzten Zeit und in der Enge einer einzigen Wohnung vollzieht, geht von den beiden Hauptpersonen des Textes aus und ist im weitesten Sinne kommunikatives Handeln.

Die Episoden der Geschichte

Das Ganze der Geschichte setzt sich aus mehreren Episoden zusammen, die durch Szenenwechsel getrennt, durch die handelnden und behandelten Personen jedoch verbunden werden. In einer ersten Episode schreibt Georg Bendemann in seinem Privatzimmer einen Brief an seinen Jugendfreund in Petersburg und rekapituliert – in erlebter Rede – »die Stationen seiner Selbstwerdung«[66] und seine Beziehung zu seinem Freund. Indem er sein Zimmer verlässt und das gegenüber dem Gang liegende Zimmer seines Vaters betritt, ändert sich die Situation. Aus der beabsichtigten kurzen Information über den Inhalt des Briefes entwickelt sich ein Dialog mit dem Vater, dann ein Rededuell, das mit dem Schuldspruch des Vaters seinen Höhe- und Schlusspunkt erreicht. Die Selbstvollstreckung des Urteils bildet die abschließende Episode.

Die Struktur

Brief an den Vater

	Themenfelder:	Schluss:
Anrede	Die erlittene Erziehung	Angebot zur Gegenargumentation
Erklärung der Lage:	Das Vater-Sohn-Verhältnis	Unterschrift des Schreibers
Vorwürfe des Vaters	Die Flucht in neue Beziehungen	
Anliegen des Sohnes	Erfahrungen des Scheiterns	
	Heiratsversuche	

Das Urteil

Exposition:	Erzählte Episoden:	Schluss:
Ort, Zeit und Vorstellung der Hauptperson	1. Georgs Brief an den Jugendfreund	Die Selbstbestrafung des Sohnes
	2. Der fürsorgliche Sohn und der geschwächte Vater	
	3. Die Auferstehung des Vaters und der erschreckte Sohn	
	4. Die Verurteilung des Sohnes durch den Vater	

5. Wort- und Sacherläuterungen

Sowohl zu Kafkas *Brief an den Vater* als auch zum *Urteil* gibt es ausführliche Kommentare:

Hartmut Binder: Kafka-Kommentar zu den Romanen, Rezensionen, Aphorismen und zum *Brief an den Vater*. München 1976.
Gerhard Neumann: Franz Kafka: *Das Urteil*. Text, Materialien, Kommentar. München/Wien 1981.
Michael Müller: Erläuterungen und Dokumente: Franz Kafka: *Das Urteil*. Stuttgart 1995.
Hartmut Binder: Kafka-Kommentar zu sämtlichen Erzählungen. München 1975.
– Kafka-Handbuch in zwei Bänden. Stuttgart 1979.

Im folgenden Abschnitt werden nur solche Informationen zusammengetragen, die für das Leseverständnis unbedingt notwendig sind.

Brief an den Vater

7,18 **»in Saus und Braus«** gelebt: durch den Endreim wirkungsvolle Wortverbindung, mit der ein zügelloses, nur auf Genuss ausgerichtetes Leben dargestellt und angeklagt wird.

7,27 **Tempel:** hier für das Gotteshaus der Juden, die Synagoge.

Franzensbad: Kurort in Böhmen, wo sich Kafkas Eltern oft zur Sommerfrische aufhielten.

7,29 **Geschäft:** Existenzgrundlage der Familie Kafka war

das 1882 zugleich mit der Heirat von Hermann und Julie Kafka eröffnete Geschäft, in dem einzeln und später en gros Zwirn, Baumwolle und Galanteriewaren wie Schirme, Spazierstöcke, Handschuhe, Stoffe und Taschen verkauft wurden. »Nicht nur gehörte das Geschäft der Familie – natürlich unter der stillschweigenden Erwartung, dies würde so bleiben für alle Zeiten –, sondern die Familie gehörte ebenso dem Geschäft.«[67]

7,30 **Fabrik:** Karl Hermann, Ellis Ehemann, hatte unter Beteiligung der Familie Kafka mit der Vertragsunterzeichnung vom 8. November 1911 eine Firma gegründet: »Prager Asbestwerke Hermann und Co.«. Von dem Juristen Franz erwartete die Familie, dass er die Entwicklung des Unternehmens beratend und kontrollierend verfolge.

11,17 **Pawlatsche:** Aus dem Italienischen *parvola loggia*; umlaufender Balkon an der Hofseite eines Mietshauses, von welchem es Eingänge in die einzelnen Wohnungen gab; üblich bei Mietshäusern im ehemaligen Raum der österreichischen Monarchie.

11,29 **die letzte Instanz:** die höchste zuständige Stelle bei Behörden und Gerichten, deren Entscheidungen nicht revidierbar sind.

12,5 f. **salutierte und marschierte:** Hermann Kafka hatte gute Erinnerungen an seine Militärzeit, sang, wenn er gut gelaunt war, Militärlieder und zeigte seinem Sohn die Rituale des militärischen Grüßens und Gehens.

12,17 **Partien:** von frz. *partie* ›Teil, Anteil, Beteiligung‹ usw. Hier: Gewinnung eines guten Anteils an Reichtum oder Ansehen durch Heirat.

12,26 **Kabine:** aus engl. *cabin* entlehnt: abgeschlossener Umkleideraum.

13,18 **meschugge:** von jiddisch *meschuggo* ›verrückt‹.

14,9 f. **ironisches Seufzen:** nichtsprachliches Ausdrücken von Ablehnung und Lächerlichmachen.

15,6 f. **Sprichwort von den Hunden und Flöhen:** »Wer sich mit Hunden zu Bett legt, steht mit Wanzen auf.«

16,24 **Sklave:** ›Leibeigener; entrechteter Mensch‹. Das Substantiv Sklave ist letztlich identisch mit dem Volksnamen der Slawen, die häufig Opfer des mittelalterlichen Sklavenhandels mit dem Orient waren.

17,23 **etwas liebes Kurioses:** Das Adjektiv *kurios* hat im Laufe der Zeit die Bedeutung ›seltsam, sonderlich, wunderlich, spaßig, schrullig‹ usw. angenommen.

21,13 f. **die breite Mad:** das dickliche Mädchen.

21,14 **Sessel:** österr. für: Stuhl.

22,1 **eines Konstantinopler Briefes:** Damit könnte ein nicht nachweisbarer Geschäftsbrief gemeint sein.

22,28 **in die Sommerfrische kamst:** Zeitweise hatte Familie Kafka in der heißen Jahreszeit eine Sommerwohnung in der ländlichen Umgebung von Prag.

22,31 **letzten Krankheit:** Im Oktober 1918 herrschte in ganz Europa eine Epidemie der Spanischen Grippe, an der auch Franz Kafka erkrankt war.

23,19 **von irgendeinem kaiserlichen Rat:** Prag gehörte bis zum Ende des Ersten Weltkriegs zur Habsburger k. u. k. Monarchie. Abgesandte des in Wien residierenden Kaisers Franz Josef wurden von den Juden aus Dankbarkeit für die vom Kaiser ermöglichte Judenemanzipation hoch geschätzt.

25,17 **Pisek:** Hermann Kafka hat seine Lehrzeit im Textilgeschäft seines Verwandten Karl Kafka in Pisek verbracht.

27,12 **Gassengeschäft:** Geschäft mit Ladenlokal an der Straße im Gegensatz zum Großhandel.

27,27 f. **in der Assicurazioni Generali:** Durch Protektion erhielt Kafka nach bestandenen Examina eine Stelle bei der Niederlassung der Triester Versicherungsgesellschaft am Wenzelsplatz. Im Juli 1908 schied er aus und begründete seine Kündigung unter anderem mit dem für ihn unerträglichen Betriebsklima.

28,6 **Kommis:** Handlungsgehilfe.

29,6 **die Füße geleckt:** Redensart für besonders untertäniges, schmeichlerisches Verhalten.

34,18 **Beamtin:** hier in der allgemeinen Bedeutung: Person, die eine Aufgabe erfüllt.

37,25 **rezitiert:** künstlerisch gelesen oder vorgetragen.

37,32 **Bundeslade:** Aufbewahrungsort der meist kunstvoll verzierten Thorarollen.

37,33 **Schießbuden:** Vergnügungsstände auf Jahrmärkten und Kirmessen.

38,4 **Thora:** (hebr.) Lehre. Bezeichnung für das mosaische Gesetz, enthalten in den ersten fünf Büchern des Alten Testaments.

38,7 **Barmizwe:** Bar-Mizwa, jüdische Zeremonie, die der katholischen Firmung oder der protestantischen Konfirmation entspricht.

38,13 **Seelengedächtnisfeier:** Gebetsfeier für die Verstorbenen.

38,19 **Sederabend:** Familiengottesdienst, der an den beiden ersten Abenden des Passah-Festes gefeiert wird.

38,25 f. **Söhne des Millionärs Fuchs:** nicht näher nachgewiesene Mitglieder der jüdischen Gemeinde.

38,33 f. **aus der kleinen gettoartigen Dorfgemeinde:** Anspielung auf Osek oder Wossek, den Geburtsort des Vaters. Dort lebte die Kafka-Familie im engen Verbund mit 15 jüdischen Familien.

40,14 **Franklins Jugenderinnerungen:** Benjamin F. (1706–

1790), amerikanischer Staatsmann und Gelehrter. *The Life of Benjamin Franklin* war tschechisch 1916 erschienen.

40,16 f. **Vegetarianismus:** Vegetarismus: Lebensführung, die auf pflanzlicher Ernährung beruht.

43,27 **Hypochondrie:** Schwermut, Trübsinn; Einbildung, krank zu sein.

43,30 **Schönbornpalais:** Kafka hatte von März bis August 1917 ein Zimmer in dem Palais auf der Kleinseite gemietet.

43,35 f. **Kanapee:** veraltet für: Sitzsofa.

44,34 ff. **Prima, Sekunda, Tertia:** Bezeichnungen der gymnasialen Klassenstufen.

45,13 **Bankdefraudanten:** von lat. *fraudere* ›betrügen, hintergehen‹. Betrüger in Bankgeschäften.

45,17 **Matura:** (österr.) Reifeprüfung, Abitur.

45,27 **Jus:** (lat.) wörtl.: Recht, Gesetz. Studium der Rechtswissenschaften.

46,27 **Kordon:** Schnur, Seil; Absperrung.

48,21 f. **Josephsplatz in der Nähe der heutigen Länderbank:** nahe der Wohnung der Familie Kafka gelegener Platz in der Prager Altstadt.

53,10 **Pedanterie:** übertriebene Genauigkeit; »Kleinigkeitskrämerei«.

53,29 **Lustschloß:** Ort des Vergnügens im Gegensatz zum Residenzschloss, dem Ort des Regierens und Repräsentierens.

56,35 f. **bilanziert:** Vermögen und Kapital (Aktiva) und Schulden (Passiva) gegenübergestellt.

58,33 **Schmarotzertums:** Das ursprüngliche *smorotzen* ›betteln‹ verschiebt sich im 16. Jahrhundert zu ›auf Kosten anderer leben‹. *Schmarotzer* ›Bettler, Parasit‹.

59,9 **Korrektur:** Verbesserung, Berichtigung.

Das Urteil

42,3 **Für F.:** Kafka widmete die Geschichte Felice Bauer. Im Oktober 1916 hatte er ihr mitgeteilt, dass er das Manuskript mit der Widmung »für Fräulein Felice B.« an den Verlag geschickt habe. In späteren Drucken wird die Widmung zu »Für F.« gekürzt.

42,12 f. **auf den Fluß, die Brücke und die Anhöhen am anderen Ufer:** Der Ausblick des Briefschreibers entspricht genau demjenigen, den der Autor aus der elterlichen Wohnung in Prag auf die Moldau, die Čech-Brücke und auf die gegenüberliegende Kleinseite hat.

42,17 f. **Rußland … Petersburg:** Petersburg und Russland sind nicht so sehr als geographische Bezeichnungen aufzufassen als vielmehr als Metapher »der Exterritorialität und der mit dieser verknüpften Ambivalenz einsamer Existenz«[68].

42,26 **Kolonie seiner Landsleute:** Kolonie ist hier verstanden als »Ansiedlung von Menschen außerhalb des Mutterlandes, die ihre völkischen Eigenarten bewahren«.

43,33 **Unsicherheit der politischen Verhältnisse in Rußland:** Die seit den siebziger Jahren aufkommenden Unruhen in Russland haben Höhepunkte in dem Attentat auf Zar Alexander II. im Jahr 1881 und in der Revolution von 1905.

45,12 f. **Fräulein Frieda Brandenfeld:** Kafka erklärt in einem Brief an Felice Bauer vom 2. Juni 1913: »Frieda hat so viel Buchstaben wie Felice und auch den gleichen Anfangsbuchstaben. […] Brandenfeld hat durch ›feld‹ eine Beziehung zu Bauer und den gleichen Anfangsbuchstaben.«

45,14 f. **Korrespondenzverhältnis:** durch Briefwechsel hergestellte oder erhalten gebliebene Beziehung.

49,5 f. **sperre ich es:** hier: schließe ich es.

50,8 f. **Geschichten von der russischen Revolution:** Gemeint ist die Revolution von 1905.

50,10 **Tumult:** Auflauf lärmender und aufgeregter Menschen.

50,11 **Blutkreuz:** priesterliches Zeichen.

50,16 **Trikothose:** maschinengestrickte Beinbekleidung.

51,15 **Plafond:** Decke eines Raumes.

51,35 **Gasarmen:** Vorrichtungen für die damals übliche Gasbeleuchtung.

52,7 f. **Narbe aus seinen Kriegsjahren:** Der Hinweis auf nicht näher erklärte Verwundungen und Entbehrungen soll wohl den Gegensatz zwischen dem angeblich frivolen Sohn und dem leidgeprüften Vater deutlich machen.

53,23 **Grimassen:** Gesichtsverzerrungen, Fratzen.

55,2 **Autoomnibus:** Motoromnibus, im Gegensatz zu den noch häufigen Pferdeomnibussen.

6. Interpretation

Das von dem lateinischen Verb *interpretari*: 1. dolmetschen, (erklärend) übersetzen, 2. auslegen, erklären, deuten, 3. verstehen, aufnehmen, beurteilen, auffassen, begreifen[69] abgeleitete Substantiv Interpretation bezeichnet sowohl den Vorgang des Verstehens als auch die Arbeit des Verständlichmachens, des Deutens und des Beurteilens. Als Interpreten gelten alle Leser, die sich bemühen, einen literarischen Text zu verstehen, und die sich oder anderen Rechenschaft darüber geben, was sie meinen, verstanden zu haben. Interpretationen erfolgen »grundsätzlich von außerhalb der Texte liegenden Standpunkten, Perspektiven, Annahmen aus«[70]; sie entstehen »aus einem Miteinander, aus einem Aufeinanderbeziehen von Text und Außertextlichem, von Text und Kontext«[71].

Text und Kontext

Leser verstehen literarische Texte, indem sie das im Text Vermittelte in Bezug setzen zu ihren Erfahrungen, ihren Erlebnissen, ihrem Wissen. Die Lebenswelt des Lesers wird so zum Kontext des Textes und ist Ausgangspunkt und Voraussetzung des Verstehens. Deshalb ist einzuräumen, dass Verstehen immer eine subjektive Leistung ist, dass sie nie allumfassend und nie endgültig sein kann. Trotzdem ist zwischen dem naiven Erstverstehen und einer unmittelbaren privaten Deutung von Texten einerseits und einer literaturwissenschaftlich abgesicherten Interpretation zu unterscheiden. Die professionelle Interpretation arbeitet mit Kategorien, die sich im wissenschaftlichen Diskurs bewährt haben, wie etwa Textsortenzugehörigkeit, Bezug zum historischen Hintergrund, Bezug zur Erfahrungswelt des Autors, Ver-

Die professionelle Interpretation

wendung auffälliger sprachlicher und rhetorischer Mittel. Ziel dieser Unternehmungen ist, den vorgegebenen Text besser und umfänglicher, vielleicht auch aktueller zu verstehen. Doch auch für die wissenschaftlich orientierte Interpretation gilt: »Keine Interpretation kann die Bedeutungsmöglichkeiten eines Textes ausschöpfen, weil keine Interpretation alle anwendbaren Kontexte auch tatsächlich zur Anwendung bringen kann.«[72]

Interpretationen zu Kafkas Texten

Dies gilt in besonderer Weise für die fiktionalen Texte Franz Kafkas. Kein Autor der Moderne hat die Interpreten so herausgefordert wie dieser Autor. Die im Laufe der Jahrzehnte erschienenen Deutungen sind für den Einzelnen nicht mehr übersehbar. »Kein anderes Werk wird in der westlichen Welt mit solchem Ernst, solcher Hingabe gelesen, kein anderes wird so wild, so tausendfältig anders ausgelegt. Gleich der heiligen Schrift und den alten Orakeln transportiert es für die Leser den Sinn […], ohne daß je einer diesen Sinn anders als nur für sich selbst verbindlich hätte ausmachen können.«[73] Kafkas Texte wurden mit philosophischen, theologischen, soziologischen Kontexten konfrontiert. Sie wurden mit Bezug auf die Zeitsituation im untergehenden Habsburger Reich und aus der Erfahrung mit faschistischen und sozialistischen Gewaltregimen interpretiert. Entsprechend unterschiedlich und vielfältig fielen die Deutungen aus.

Leserinteresse und »moralischer Pakt«

Die Tatsache, dass die Lebenswelt des Interpreten den ursprünglichen und natürlichen Kontext für das Verstehen abgibt, hat zur Folge, dass die meisten Leser aus den Texten vorzüglich Sinn für sich selbst suchen. Allerdings bietet sich der Text von sich aus dem Leser zum Zugriff an. Man spricht hier von einem »moralischen Pakt«, den der literarische Text dem Leser vorschlägt, den die Leserinnen und Leser im Vollzug der Lektüre mit dem literarischen Text schließen.[74] Pakt wird der Vollzug genannt, »weil er zu gleichen Teilen aus einer Aktivität des Textes und aus einer des Lesers besteht«[75]. Das Interesse des Lesers hinwiederum ist gesteuert aus seinen Lese- und Lebenserfahrungen. Er ist »liebes- und haßbereit«[76]; er wird den Personen, die ihm im Text vorgestellt werden, Sympathie oder Antipathie entgegenbringen; er wird verurteilen und verteidigen. Auch hier entwickelt sich ein Spiel von »Angebot« und »Nachfrage«. Wer mit dem Sinnangebot des Textes einverstanden ist, wird den moralischen Pakt schließen. Denkbar ist jedoch auch, dass der Leser das Angebot ablehnt, dass er sich sogar entgegenstellt, sich widersetzt.

Väter und Söhne – vom Machtkampf in der Familie

Thema: Machtkampf in der Familie

Familie und Verwandtschaft dürften jene Gruppenform der Menschheit darstellen, welche allen vertraut ist, welche die meisten erfahren haben, von der sie etwas verstehen. Doch sowohl die Struktur von Familie und Verwandtschaft wie auch deren Bedeutung für den Einzelnen haben im Laufe der Zeit und in den verschiedenen Kulturen unterschiedliche Ausprägungen erhalten. Die Familie ist ein soziales Gebilde mit unterschiedlicher Rollenverteilung, mit unterschiedlichen Rollenerwartungen und mit unterschiedlicher Macht- und Verantwortungsverteilung.

Dabei ändern sich sowohl die Rollenverteilungen wie auch die Machtverhältnisse im Laufe der Zeit, und zwar im Laufe der Geschichte wie auch im Lebenslauf jeder konkreten Familie. Das wird vor allem deutlich, wenn das Kind, das in eine Familie geboren wurde, die »Herkunftsfamilie« verlässt und eine neue »Fortpflanzungsfamilie«[77] begründet. Familienstrukturen sind in einer dauernden Wandlung begriffen.
Franz Kafka ist zu Anfang des 20. Jahrhunderts Sohn in einer jüdischen Familie, deren Existenzgrundlage ein Geschäft in der Stadt Prag ist.

Brief an den Vater

Der Zustand der »Entfremdung«

Der Sohn, der diesen Brief schreibt, und der Vater, dem dieser Brief gilt, der diesen Brief allerdings nie erhalten wird, leben seit langem in einem angespannten Verhältnis. »Entfremdung« (8, auch 27, 32) hat sich eingestellt; eine »Versöhnung« (24) ist bisher nicht zustande gekommen. Die Kinder – vor allem der Sohn – haben Familie vorzugsweise als »Kampf, den Du mit uns, den wir mit Dir führten« (30), im Bewusstsein. Zwischen Sohn und Vater besteht ein »Unglücksverhältnis« (53). Unter den Konfrontationen, die es gegeben hat, war jener »Zusammenstoß«, als der Vater dem pubertierenden Sohn gegenüber verächtlich über Sexualität sprach, ähnlich schwerwiegend gewesen, wie die letztlich erfolgte »Aussprache [...] nach Mitteilung meiner letzten Heiratsabsicht« (50). Die Themen Sexualität und Eheschließung scheinen Vater und Sohn endgültig entzweit zu haben.

Die unterschiedlichen Grundpositionen

Tatsächlich ist die Distanz jedoch – jedenfalls nach Ansicht des zurückblickenden Sohnes – ursprünglich angelegt. Der Vater – »ein wirklicher Kafka an Stärke, Gesundheit, Appetit« – ist ein anderer Typ als der Sohn mit dem erbbedingten »Löwischen Stachel, der geheimer, scheuer, in anderer Richtung wirkt und oft überhaupt aussetzt« (9). Selbstverständlich war auch die Grundposition von Vater und Sohn von Anfang an »verschieden« – der Schreiber war über lange Jahre »das sich entwickelnde Kind«, der Vater dagegen »der fertige Mann« (10). Entscheidender als dieser naturgegebene Unterschied war aber das Aufeinandertreffen verschiedenartiger Temperamente: Das »herrische Temperament« des Vaters erstickte jede, auch »die letzte Widerrede im anderen« (17). Der Zurückgewiesene »verlernte das Reden« (18); er wich vor der »Macht« zurück und spürte die eigene »Schwäche« (19). Wörtlich schreibt der Sohn: »Nun habe ich, Vater, im ganzen niemals an Deiner Güte mir gegenüber gezweifelt« (8); aber er schreibt auch: »Nur eben als Vater warst du zu stark für mich« (9). Vater und Sohn scheinen sehr verschiedene Vorstellungen von dem zu haben, wozu sie gegenseitig verpflichtet sind, was sie voneinander erwarten dürfen, den übrigen Familienmitgliedern schuldig sind und was jeweils in ihre eigene Verantwortung gehört.

Das Selbstverständnis des Vaters

Der Vater nimmt als erfolgreicher Geschäftsmann, als gestandener Ehegatte und Vater von vier Kindern ganz selbstverständlich die Rolle des Familienoberhaupts ein, dem man nicht widerspricht und dem die Ehefrau freiwillig Zustimmung gibt. Er hatte sich in seinem Sohn »einen kräftigen mutigen Jungen« (10) und Nachfolger aufziehen wollen und bemerkte nicht, dass dieser Sohn »kein Mensch nach Deinem Herzen hätte werden können« (9). Durch Erziehung wollte er erzwingen, was von Natur aus nicht gegeben war. Dieser Versuch misslang gründlich und hatte nach Einschätzung des Briefschreibers katastrophale Folgen. Die Anklage, die der Schreiber erhebt, gilt nicht der Person, sondern dem falschen Rollenverhalten des Vaters. Der Sohn wäre, wie er schreibt, »glücklich gewesen«, einen Menschen wie ihn »als Freund, als Chef, als Onkel, als Großvater, ja selbst (wenn auch schon zögernder) als Schwiegervater zu haben« (9) –, aber nicht als Vater. Der Sohn, dem alle und alles beherrschenden Vater ausgeliefert, zu schwach zum Widerstand und deshalb über Gebühr folgsam, hatte keine Chance zu »Selbstbefreiung und Unabhängigkeit« (53), weil sich als »Mitergebnis« der väterlichen »Erziehung« »alle negativen Kräfte« in ihm versammelt hatten – »also die Schwäche, der Mangel an Selbstvertrauen, das Schuldbewußtsein« (46).

Das Angebot zum »moralischen Pakt«

Wäre der Brief beim Adressaten angekommen, so hätte dieser zu dem indirekt erhobenen Vorwurf, er, der angeblich starke Vater, sei Ursache für die angegebene Schwäche des Sohnes auf die eine oder andere Weise Stellung nehmen können oder müssen. Wäre der Brief lediglich verfasst, aber niemandem bekannt geworden, so hätte er die Funktion einer privaten Tagebucheintragung gehabt, die den Schreiber psychisch entlastet, aber keine weitere Wirkung gehabt hätte. Seit der Brief aber einem literarischen Publikum zugänglich wurde, wirbt er um teilnehmendes Verstehen und bietet an, einen moralischen Pakt mit dem Schreiber zu schließen.

Nicht allein durch Rückbesinnung auf eigene Lebenserfahrungen, sondern auch durch eine geschickte Steuerung des Textes nimmt der Leser Partei für den schreibenden Sohn. Er hat Mitleid mit dem Kind, das nach dessen eigener Einschätzung in frühen Lebensjahren »einen inneren Schaden« davontrug, als es wegen einer Geringfügigkeit vor die Tür gesetzt und der »Vater« – »der riesige Mann« – als »die letzte Instanz« wahrgenommen wurde, die über Leben und Tod Entscheidungsbefugnis zu haben schien, und das sich selbst als ein »Nichts« (11) empfand. Der Schreiber stellt diesen »Vorfall« (11) als eine Schlüsselszene dar, in der es nicht um eine unangenehme Erinnerung geht, sondern um die Erfahrung von absoluter Macht auf der einen Seite und totaler Ohnmacht auf der anderen. Die Nacht, als der Vater seinen winselnden Sohn »ein Weilchen im Hemd allein vor der verschlossenen Tür stehn« (11) ließ, war in der Einschätzung des Sohnes von lebensprägender Bedeutung.

Die Parteinahme des Lesers

Es geht – in dem literarischen Text – nicht mehr um den realen Vater Hermann Kafka, wohnhaft in Prag, sondern um die Vatergestalt, die wie die Riesen in Mythen Angst verbreitet, wie »Tyrannen« (13, 28, 30) Schrecken auslöst, wie absolut regierende Herrscher »Gebote« und »Gesetze« erlässt, an die sich diese selbst nicht gebunden fühlen und durch die sie die Untertanen zu »Sklaven« machen (16). Diejenigen, die solchen Mächten ausgeliefert sind, überkommt und beherrscht ein »Gefühl der Nichtigkeit« (11). Muss ein Vater, der solches verursacht hat, nicht zur Rechenschaft gezogen werden?

Die im Text vermittelte Vatergestalt

Das Urteil

Die Geschichte erzählt von dem jungen, erfolgreichen Kaufmann Georg Bendemann, der »mit seinem alten Vater in gemeinsamer Wirtschaft« (44) lebt und der am Ende von diesem Vater »zum Tode des Ertrinkens« (55) verurteilt wird. Was anfänglich auf ein harmonisches Familien- oder Partnerschaftsverhältnis schließen lassen könnte, endet in einer Katastrophe. Während es am Schluss den Sohn »zum Wasser« treibt, stürzt »der Vater« – offenbar sterbend – »aufs Bett« (54). Damit ist die Familie ausgelöscht.

Die Vater-Sohn-Beziehung

Zunächst sieht man in dem alten Vater den Geschäftsmann, der sich zur Ruhe gesetzt hat, der das Andenken an seine verstorbene Frau pflegt und der in guter Beziehung zu seinem Sohn lebt – nehmen sie doch »das Mittagessen [...] gleichzeitig in einem Speisehaus ein« (46) und sitzen oft auch abends »noch ein Weilchen, jeder mit seiner Zeitung, im gemeinsamen Wohnzimmer« (47). Der Sohn, so scheint es, kümmert sich besorgt und liebevoll um den Vater. Wenn er ihm »beim Ausziehen helfen« (49) will und ihn dann »auf seinen Armen [...] ins Bett« (50) trägt, mag das schon übertriebene Fürsorge sein. Doch der Vater lässt sich alles gefallen, scheint zu genießen, wie ein Kind behandelt zu werden, und fragt: »›Bin ich jetzt gut zugedeckt?‹ [...], als könne er nicht nachschauen, ob die Füße genug bedeckt seien« (51).

Das Bild des fürsorglichen Sohnes

Diese Frage, so wird sich erweisen, ist jedoch eine Provokation. Es geht nicht um eine wärmende Bettdecke, sondern um die Einschätzung der Kräfteverhältnisse im Kampf der Generationen. Der alte Vater hat den Rückzug bis zum Äußersten nur gespielt, und zwar bis zu dem Augenblick, da der Sohn ihn symbolisch mit dem Leichentuch zudecken wollte und sich damit endgültig als »Chef« (52) fühlen durfte. Nun aber erhebt sich der Vater: »Du wolltest mich zudecken, das weiß ich, mein Früchtchen, aber zugedeckt bin ich noch nicht« (51). Nun ist der Vater der Dominierende, der seinen Sohn abwertend »Früchtchen« nennt, während er kurz zuvor noch jenes Kind zu sein schien, das mit der Uhrkette des erfolgreichen Familienoberhaupts Georg Bendemann gespielt hat. Damit ist die Wende im Kampfgeschehen der Geschichte angezeigt. Jetzt erkennt der Leser, dass er bisher Zeuge eines verdeckten Zweikampfes war, und er wird auf das Ende der Auseinandersetzung vorbereitet.

Der Aufstand des Vaters

Georg Bendemann hatte – unter welchen Bedingungen auch immer – die Leitung des Geschäfts übernommen, war im Gegensatz zu seinem Freund in Petersburg erfolgreich, hatte sich mit »einem Mädchen aus einer wohlhabenden Familie verlobt« (46), während der Vater verwitwet war, die Geschäftsführung abgegeben hatte, die Zeichen des Alters – »Augenschwäche« (47), »weißes Haar« (49), »zahnloser Mund« (48) – an sich bemerkte und zurückgezogen im rückseitigen Zimmer der Wohnung lebte. Trotzdem hatte der Sohn erkannt: »Mein Vater ist noch immer ein Riese«, als er ihn in seinem Zimmer besuchte. Indem der Vater die Decke »mit einer Kraft, daß sie einen Augenblick im Fluge sich ganz entfaltete« (51), zurückstößt, stellt er sich dem offenen Zweikampf und setzt zum vernichtenden Gegenstoß an.

Der Zweikampf

Es ist ein Kampf auf Leben und Tod. Der Vater ist überzeugt: »Ich bin noch immer der viel Stärkere« (53). Der Sohn wünscht sich: »wenn er fiele und zerschmetterte«

(53). Doch der Vater erweist sich tatsächlich als der Stärkere. Er überhäuft den Sohn mit Vorwürfen, hält ihm vor, »ein teuflischer Mensch« (54) gewesen zu sein, und spricht das Todesurteil. Begierig »wie ein Hungriger nach Nahrung« (54) eilt der Sohn dem Wasser entgegen. Seine letzten Worte »Liebe Eltern, ich habe euch doch immer geliebt« (55) dürfen als Bitte um Versöhnung verstanden werden. Gehört werden sie von niemandem.

Urteil und Vollstreckung

Das Bild von dem jungen erfolgreichen Kaufmann hat sich verkehrt in das Bild des verurteilten Sohnes. Der zurückgesetzte alte Vater vom Anfang der Geschichte hat sich gewandelt zur Vorstellung eines höchsten Richters, dessen Leben allerdings mit Vollzug des Richtspruchs endet.

Vorwürfe, Rechtfertigungen, Urteile – außergerichtliche Prozesse

Aus dem Studium und dem beruflichen Alltag kannte sich der promovierte Jurist Franz Kafka im Strafrecht und in der Strafprozessordnung aus. Die Rollenverteilung von Kläger und Beklagtem, von Verteidiger und Richter waren ihm ebenso vertraut wie die Abläufe eines Verfahrens, unterteilt in Ermittlungsverfahren, Anklageerhebung und Hauptverhandlung mit abschließendem richterlichem Urteil.

Thema: Anklage, Prozess, Urteil

Die Geschichte *Das Urteil* spielt zwar nicht vor Gericht, sondern in einer Privatwohnung, und der *Brief an den Vater* gibt sich mit der Anrede »Lieber« oder »Liebster Vater« den Anschein eines familiären Privatbriefes, doch lässt sich in beiden Fällen zeigen, dass wie vor Gericht

»Sachen« verhandelt werden, in denen sich Kläger und Beklagte gegenüberstehen.

Brief an den Vater

Der Brief, den der Sohn an seinen Vater richtet, ist begründet in Differenzen, die vor allem zwischen Vater und Sohn bestehen, allgemeiner zwischen den Eltern und ihren Kindern, vielleicht sogar zwischen den Generationen allgemein. Der Sohn gesteht seinem Vater, dass er mit Ottla, seiner Schwester, den »schrecklichen Prozeß« oft diskutiert, »der zwischen uns und Dir schwebt, [...] diesen Prozeß, in dem Du immerfort Richter zu sein behauptest, während Du, wenigstens zum größten Teil [...] ebenso schwache wie verblendete Partei bist wie wir« (33). Aufgabe des Briefes soll sein, die Differenzen zu benennen, die »Entfremdung« zu überwinden, vielleicht »eine Art Friede« herzustellen, zumindest aber für ein »Mindern Deiner unaufhörlichen Vorwürfe« zu sorgen (8). In der Sache geht es um zweierlei: Der Schreiber sieht sich erstens verpflichtet, die Behauptung zu begründen, dass er in dauernder Furcht vor seinem Vater lebt. Zweitens will er sich mit den Vorstellungen, die der Vater vom Zusammenleben in einer Familie hat, auseinandersetzen und besonders mit den Vorwürfen, die sich aus diesen Vorstellungen ergeben.

Der »schreckliche Prozeß«

Für den Vater gilt als selbstverständlich, dass jeder in der Familie nach besten Kräften für das Gemeinwohl sorgt und seine persönlichen Interessen hintanstellt. Das gilt sogar für die Partnerwahl. Der Vater selbst ist bereit, für die Familie hart zu arbeiten und alles für seine Kinder zu opfern. Da-

Der Standpunkt des Vaters

für erwartet er wenn nicht Dank, so zumindest »irgendein Entgegenkommen, Zeichen eines Mitgefühls«, außerdem Interesse, Mitverantwortung, wahrscheinlich sogar tätige Mithilfe im »Geschäft« und in der im Familienbesitz befindlichen »Fabrik« (7). Vor allem wirft er seinem Sohn vor – dieser entscheidende Punkt wird erst später aufgenommen –, dass er beim Verfolgen seiner »Heiratsabsicht« (8) nicht den in der jüdischen Familie üblichen Weg der Eheanbahnung über die Heiratsvermittlung wählte, sondern die Familie kürzlich vor die Tatsache seiner neuerlichen Verlobung stellte.

Die tradierte Familienmoral

Die Vorwürfe des Vaters betreffen nichts »Unanständiges oder Böses« (8); es geht nicht um Verstöße gegen Recht und Gesetz, nicht einmal um solche gegen die bürgerliche Moral, wohl aber gegen die tradierte Familienmoral. Dass »zwischen uns etwas nicht in Ordnung ist« (8), weiß der Schreiber des Briefes. Er bestreitet jedoch, dass das seine »Schuld« sei, während der Vater für sich behauptet, »nicht die geringste Schuld daran« (8) zu haben. Der Schreiber glaubt, dass er ebenso »schuldlos« (8) sei wie der Vater. Deshalb müsse daran gelegen sein, die Ursachen für die gestörte Ordnung offenzulegen und den Vater möglicherweise zu dem Eingeständnis zu bringen, dass er die Störung »mitverursacht« (8) habe.

Ursache oder Schuld?

Wer Ursachen erforscht, bewegt sich auf wertfreiem Gebiet. Ursache ist eine Gegebenheit oder ein Zustand, der Grundlage oder Voraussetzung für etwas Folgendes ist. Grund und Folge oder auch Ursache und Wirkung sind korrespondierende Begriffe, die beispielsweise die Leitlinie für wissenschaftliche Forschungen abgeben. Dabei ist es durchaus möglich, das Handeln von Menschen unter dem Gesichtspunkt von Grund und Folge zu betrachten und den Gesichtspunkt der Schuld außer Acht zu lassen. Schuld hat nur der »Urheber von etwas Verderblichem«[78]; Verschulden ist von der bloßen Urheberschaft zu unterscheiden: »Schuld hat nur derjenige an seiner Tat, dem sie auch nach seinem inneren Verhalten vorgeworfen werden kann«[79].

Die väterliche »Einwirkung«

Im Laufe seiner Darlegungen betont der Schreiber mehrfach, dass es ihm nicht um Schuldzuweisungen geht; ihm ist daran gelegen zu zeigen, in welchem Maße er unter dem »Einfluß« (9) des Vaters gestanden hat und dass er das, was er geworden ist, zu einem Gutteil durch väterliche »Einwirkung geworden« (8) ist. Er erklärt: »So wie ich bin, bin ich (von den Grundlagen und der Einwirkung des Lebens natürlich abgesehen) das Ergebnis Deiner Erziehung und meiner Folgsamkeit« (18). Der Vater des Schreibers hatte seine festen Vorstellungen, setzte die ihm zur Verfügung stehenden Erziehungsmittel ein und sieht sich jetzt den Vorwürfen seines Sohnes ausgesetzt: »Du wirktest so auf mich, wie Du wirken mußtest, nur sollst Du aufhören, es für eine besondere Bosheit meinerseits zu halten, daß ich dieser Wirkung erlegen bin« (10).

Der Weg ins Leben

Der zentrale Vorwurf lautet, dass der Vater in der Rolle des Erziehers seinem Sohn jenen Weg ins Leben verstellte, der ihm eigen gewesen wäre, für den er sich befähigt fühlte und den er erträumte; der Vater verstellte den Weg »in der guten Absicht freilich, daß ich einen andern Weg gehen sollte« (12). Doch für diesen andern Weg »taugte« (12) der Sohn nach eigener Einschätzung nicht. Um seinem Vater zu widersprechen oder sich ihm zu widersetzen, war er hinwiederum zu schwach. Das »Gefühl der Nichtigkeit« (11) hatte sich früh in ihm festgesetzt. Von Seiten des Vaters hätte er »ein wenig Aufmunterung, ein wenig Freundlichkeit, ein wenig Offenhalten meines Wegs gebraucht« (11), um sich zu entwickeln und durchzusetzen.

In seinem Vater lernte er jedoch vorzüglich die Macht kennen, der er als der Ohnmächtige ausgeliefert war. In dem Vater sah er »die letzte Instanz« (11), den »Tyrannen« (13, 28), den König (35), den Riesen (11), den strafenden oder auch begnadigenden Richter (20, 24), den Henker (24) und Herrscher (36). Das hatte zur Folge, dass er jegliches »Vertrauen zu eigenem Tun« verlor, in seinem Denken und Handeln »unbeständig, zweifelhaft« wurde und schließlich von der eigenen »Wertlosigkeit« (20) überzeugt war. Da er jegliches Selbstvertrauen verloren hatte, durchlitt er, wie er sich zu erinnern glaubt, die Schulzeit, war unsicher in der »Berufswahl« (42), lebte in »Angst und Schuldbewußtsein«, in ständiger »Sorge um [s]eine Gesundheit«, wurde zum Hypochonder und musste feststellen, dass er ernsthaft erkrankt war, als »Blut aus der Lunge kam« (43). Nie, so scheint es, hat er sich aus der Nichtigkeit befreien können. Die letzte Ursache für die Reihe der aufgeführten »Mißerfolge« (47) ist nach Ansicht des Schreibers in der ungünstigen Vater-Sohn-Konstellation zu sehen, in dem falschen Rollenverständnis des Vaters und in der eigenen verhängnisvollen Folgsamkeitsvorstellung. Sogar seine missglückten »Heiratsversuche« (47) glaubt er so erklären zu können.

Der Vater als »letzte Instanz«

Auf Ehe und Familie fühlt er sich schlecht »vorbereitet«

Untaugliche Heiratsversuche

(48). In schlechter Erinnerung hat er ein Gespräch über Sexualität, in dem der Vater die »Ängstlichkeit« (48) seines Sohnes nicht erkannte und indirekt den »Rat« (49) gab, im Bedarfsfall ein Bordell aufzusuchen. Dadurch verfestigte sich in dem Sohn die Vorstellung, dass Sexualität das »Schmutzigste« war, »was es gab«, und dass »Ehe schamlos« sei (49). Den tiefsten Grund dafür, dass er bis jetzt, bis zu seinem sechsunddreißigsten Lebensjahr (50) nicht geheiratet hat, sieht er darin, »daß ich offenbar geistig unfähig bin zu heiraten« (53). Tatsächlich hat er im Laufe von Jahren »die Verlobung mit F. zweimal aufgelöst und zweimal wieder aufgenommen« (52). Als er kürzlich seinen Eltern gegenüber wiederum seine »Heiratsabsicht« mitteilte, reagierte sein Vater verächtlich wie früher: »Sie hat wahrscheinlich irgendeine ausgesuchte Bluse angezogen, wie das die Prager Jüdinnen verstehn« (50). Der Sohn spürt die »Verachtung« und fühlt sich »gedemütigt« (51). Der »allgemeine Druck der Angst, der Schwäche, der Selbstmißachtung« (53) wird auch diesen Heiratsversuch scheitern lassen.

Ein »grenzenloses Schuldbewußtsein«

Der zentrale Punkt »Begründung der Furcht« (57), der vom Vater eingefordert wurde, ist damit abgehandelt. Durch eine verfehlte Erziehung des übermächtigen Vaters, der – von einem traditionellen Familienmodell jüdischer Ausprägung bestimmt – ohne Verständnis für die individuellen Belange seines Sohnes war, hat diesen das Gefühl der eigenen Ohnmacht und »Nichtigkeit« (11) nie verlassen. Von sich sagt der Schreiber: »Ich hatte vor Dir das Selbstvertrauen verloren, dafür ein grenzenloses Schuldbewußtsein eingetauscht« (36). Er erinnert an einen Parallelfall, den er beschrieben hat. Gemeint ist jener

Josef K., der eines Morgens, »ohne daß er etwas Böses getan hätte«[80], verhaftet worden war, der am Ende hingerichtet wird und der in dem Empfinden stirbt, »als sollte die Scham ihn überleben«[81]. Der Schreiber des Briefes bringt damit seinen Roman *Der Proceß*, der unvollendet ist, der weder dem Adressaten noch irgendeinem anderen bekannt sein kann und der erst Jahre später veröffentlicht wird, als Kontext ins Spiel. Hier wie dort geht es um ein Verfahren, in dem ein junger Mann von einem letztlich nicht zu erklärenden Schuldbewusstsein verfolgt wird und daran zugrunde geht.

Schuldgefühl, Scham und Schande

Für den Schreiber des Briefes steht fest, dass sein Denken und Handeln, sein Verhalten zu Hause sowie seinen Freunden und Bekannten gegenüber von jenem »Schuldbewußtsein« bestimmt waren und sind, welches nach seine Ansicht darin begründet ist, dass er die »große Hoffnung« (23) des Vaters war, diese dann zutiefst enttäuschte und so das genaue Gegenteil von dem verkörperte, was sich der Vater gemäß seinen Erwartungen, Interessen und Plänen vorgestellt hatte. Alles, was der Sohn unternahm, bewirkte letztlich eine »Vergrößerung des Schuldbewußtseins« (24). Schon seine unterentwickelte kindliche Körperlichkeit empfand er deshalb als »Schande« (13); als »Schande« (16, 17) galt ihm, dass er dem Vater nicht gleichwertig entgegentreten konnte; die größte »Schande« war wohl, als er bezüglich seiner Heiratsabsichten »gedemütigt« und mit »Verachtung« gestraft wurde (51). Diese »Schande« (53) hat er nie überwunden. Selbstvertrauen und Selbstwertgefühl können sich da nicht entwickeln, wo »grenzenloses Schuldbewußtsein« (36) herrscht. Ein anderes Wort für dieses grenzenlose Schuldbewusstsein ist »Scham« (36). Scham –

so lässt sich erklären – stellt sich dann ein, »wenn unsere Selbstachtung, das Gefühl unseres Selbstwertes, angegriffen oder in Zweifel gezogen wird – sei es von Seiten der Umwelt oder von uns selber«[82]. Im Schamgefühl ist die Furcht enthalten, einer »Erniedrigung preisgegeben«[83] zu sein; im Schuldgefühl konkretisiert sich die Vorstellung: »Ich habe anderen etwas angetan, habe ein Unrecht begangen«[84]; als Schande bezeichnet man vorzugsweise den Zustand, berechtigten Erwartungen nicht entsprochen, Ehre und Ansehen verloren zu haben. Sowohl derjenige, der sich schämt, als auch derjenige, der in Schande gefallen ist, wie der, der sich schuldig fühlt, empfindet sich den anderen gegenüber, die im Recht, die stark, selbstbewusst und rein sind, als minderwertig. Das Gefühl der Minderwertigkeit kann »eine selbstquälerische Grundstimmung«[85] auslösen, die schwer zu durchbrechen ist. Ob der Schreiber des Briefes tatsächlich in dieser Grundstimmung verhaftet ist oder ob er sich eine Maske aufsetzt und die Rolle des Zurückgesetzten nur spielt – entweder mit hoher »narzistischer Befriedigung«[86] oder mit »viel Frustration«[87] – ist schwer oder gar nicht auszumachen.

Gegenargumente

Des Schreibers Brief endet nicht mit der niederschmetternden Bilanz seines Lebens und der Darlegung der Ergebnisse seiner Ursachenforschung. Vielmehr werden dem Prozessgegner Vorschläge gemacht, wie er sich verteidigen könnte. Somit könnte der Vater als Prozessgegner den rhetorischen Trick der *praeparatio* anwenden, indem er alle Gegenargumente vorwegnähme und sie dem Gegner aus der Hand schlüge. Dieser Teil des Briefes ließe sich aber auch als Ausdruck von Hochmut verstehen: indem der Schreiber zeigt, wie überlegen er in seiner Prozessführung ist, indem er Strategien preisgibt, auf die der Gegner nie gekommen wäre. Ob es ihm tatsächlich darum geht, den Vater und sich selbst »ein wenig [zu] beruhigen und Leben und Sterben leichter [zu] machen« (59), ist eine offene Frage.

Das Urteil

Wie ein Herrscher im Richteramt spricht der plötzlich erstarkte Vater über seinen zu Tode erschrockenen Sohn das Urteil: »Und darum wisse: Ich verurteile dich jetzt zum Tode des Ertrinkens!« (54). Ein ordentliches Gericht hat nicht stattgefunden; woher der Vater die Berechtigung nimmt, ein Todesurteil zu fällen, wird nicht gesagt; die Begründung des Urteils, auf die das »darum« zurückverweist, lautet: »Ein unschuldiges Kind warst du ja eigentlich, aber noch eigentlicher warst du ein teuflischer Mensch!« (54).

Das väterliche Urteil

Die im Deutschen unübliche Steigerung von eigentlich zu eigentlicher setzt zwei Eigenschaften oder auch Zustände in Beziehung, die gegensätzlicher Art sind, die aber entweder nacheinander oder auch zugleich den Sohn kennzeichnen: Er war und ist – nach Ansicht des richtenden Vaters – »unschuldiges Kind« und »teuflischer Mensch«. Durch die Gegensatzbildung »unschuldig« – »teuflisch« erhalten die Attribute eine religiöse Bedeutung. Ein »teuflischer« Mensch ist nicht nur ein böser Mensch, in diesem Fall »ein mißratener Sohn«[88], sondern eine Person, die sich gegen die göttliche Ordnung vergangen hat und somit zum Reich Satans gehört. Der das Urteil sprechende Vater nimmt die Rolle eines göttlichen Richters ein, den man sich als den aufer-

Ein »teuflischer Mensch«

standenen Christus oder als den Herrn des Jüngsten Gerichts vorstellen mag.

Verstöße des Sohnes

Georg Bendemann hat sich gemäß Urteilsspruch insofern gegen die geltende Ordnung vergangen, als er sein Leben individualistisch und egoistisch ausrichtete: »[...] bisher wußtest du nur von dir [...]! Jetzt weißt du also, was es noch außer dir gab« (54). Jetzt, so nimmt der Vater an, hat der Sohn dafür »Augen«; jetzt ist er »reif geworden«, nachdem er lange auf dem Irrweg war: »Die Mutter mußte sterben [...], der Freund geht zugrunde [...], und ich [der Vater], du siehst ja, wie es mit mir steht« (54). Damit sind die drei Personen genannt, die der Sohn vernachlässigte, gegen die er sich sogar vergangen hat.

... gegen den Jugendfreund

Mit seinem Jugendfreund, der sich in Petersburg »verrannt hatte« (42), stand Georg Bendemann nur noch in lockerem Kontakt; die Frage des Vaters »Hast du wirklich diesen Freund in Petersburg?« (48), kann also dahingehend verstanden werden, dass er nicht die Existenz des jungen Mannes bezweifelt, sondern vielmehr, dass ein über die Jahre notdürftig aufrechterhaltener Briefkontakt kaum noch Freundschaft genannt werden dürfe.

... gegen die Mutter

Der »Mutter Andenken« hat Georg nach Ansicht des Vaters »geschändet« (52), indem er sich mit »Fräulein Frieda Brandenfeld verlobt« hat, »einem Mädchen aus einer wohlhabenden Familie« (46). Man darf annehmen, dass Georg diese Partnerwahl selbst getroffen hat, keine Heiratsvermittlerin als Eheanbahnerin oder als Begutachterin der Braut und ihrer Vermögensverhältnisse eingeschaltet und nicht einmal seinen Vater um Rat gefragt hat. Damit hat der

Sohn nach Ansicht des Vaters gegen die Familientradition und gegen die Moral verstoßen. Voller Verachtung hält er ihm vor: »Weil sie die Röcke so gehoben hat, die widerliche Gans, […] weil sie die Röcke so und so und so gehoben hat, hast du dich an sie herangemacht« (52).

Offensichtlich hat der Vater die Geschäftsführung nicht ganz freiwillig abgegeben. Aus dem Satz »Seit dem Tode unserer teueren Mutter sind gewisse unschöne Dinge vorgegangen« darf man schließen, dass der Sohn die Trauerzeit ausgenützt hat, um sich selbst zum »Chef« (51) zu machen, vielleicht auch, um die Zimmerverteilung in der gemeinsamen Wohnung zu seinen Gunsten zu ändern. Jedenfalls hat sich der Vater zurückgesetzt und vernachlässigt gefühlt. Das hat ihn umso mehr getroffen, als er seinen Sohn »geliebt« (53) hat.

… gegen den Vater

Der Vater will die alte Ordnung wiederherstellen. Er glaubt, immer noch »der viel Stärkere« zu sein, weil ihm »die Mutter ihre Kraft abgegeben« hat, er mit dem »Freund herrlich verbunden« ist und weil er sogar die »Kundschaft […] in der Tasche« hat (53). Deshalb traut er sich zu, die Braut seines Sohnes »hinwegzufegen«, und deshalb fühlt er sich völlig im Recht, den Sohn zu verurteilen.

Das harte Urteil, er sei »ein teuflischer Mensch« (54), nimmt der Sohn ohne Gegenrede an. Offensichtlich sieht er sich bloßgestellt; er empfindet – so darf man vermuten – Scham, fühlt »sich aus dem Zimmer gejagt« und ist bereit, sich selbst mit dem »Tod des Ertrinkens« (54) zu bestrafen. Vielleicht ist in seinem letzten Satz »Liebe Eltern, ich habe euch doch immer geliebt« (55) der Wunsch

Die Selbstbestrafung des Sohnes

versteckt, noch einmal »unschuldiges Kind« (54) sein zu dürfen.

Wie im *Brief an den Vater* bilden autobiographische Elemente auch das Konfliktfeld in der Geschichte *Das Urteil*. Als Familiengeschichte ist sie auf den Vater-Sohn-Konflikt reduziert, da weder Geschwister noch Verwandte erwähnt werden und die Mutter verstorben ist. Geschäftsführung – also ökonomische Dominanz – und Partnerwahl – also soziale Dominanz – sind die Spannungsfelder, in denen sich Vater und Sohn bewegen. Durch die Widmung »Für F.« wird angezeigt, dass auch die Beziehung zwischen dem Autor und Felice Bauer zum Kontext der Erzählung gehört. Noch weniger als im *Brief* sind die Textelemente Geschäft und Verlobung Abbild erlebter Wirklichkeit, vielmehr werden Elemente der Wirklichkeit in eine neue Zuordnung gebracht, in der sich Wunsch-, Traum- oder auch Schreckensphantasien sprachlich konkretisieren. Der Autor Franz Kafka sieht sich in Georg Bendemann durchaus gespiegelt, jedoch nicht abgebildet. Auch das Ich des Briefschreibers ist ein Verwandter oder eine Variante von Georg Bendemann, doch haben die literarischen Figuren ihr Eigenleben und sind nicht als Projektionen der Wirklichkeit zu verstehen. Das gilt auch für die nicht genannte Verlobte des *Briefes* und für das Fräulein Frieda Brandenfeld aus dem *Urteil*.

Das Konfliktfeld

Sinn und Inhalt des Lebens – Schreiben

»Mein Leben besteht und bestand im Grunde von jeher aus Versuchen zu schreiben und meist aus mißlungenen«[89], gesteht Kafka am 1. November 1912 Felice Bauer, und ihrem Vater offenbart er: »Mein ganzes Leben ist auf Literatur gerichtet«.[90] Vergleichbar radikale Eingeständnisse findet man sonst eher bei Personen, die ganz in der Musik aufgehen oder in der Kunst. Alles richtet sich bei Kafka auf das Schreiben. Deshalb lässt er nach eigenem Eingeständnis »alle Fähigkeiten leer stehn, die sich auf die Freuden des Geschlechts, des Essens, des Trinkens, des philosophischen Nachdenkens, der Musik zuallererst«[91] richten. Was ihn vom Schreiben abhält, versucht er wegzudrängen: die Arbeitswelt ebenso wie Personen, die Zeit von ihm beanspruchen.

Thema: Schreiben als »Lebensmöglichkeit«

»Zu schreiben aufhören kann ich nicht, es ist […] eine Lust, die ohne Schaden bis auf den Kern geprüft werden kann«[92], vertraut er seinem Freund Max Brod an, und seine Braut Felice Bauer bittet er zu begreifen, »daß Schreiben meine einzige innere Daseinsmöglichkeit ist«[93].

Brief an den Vater

Ausführlich legt der Schreiber dar, dass »der Grundgedanke [seiner] Heiratsversuche« war, »selbständig zu werden« (52); in der »Heirat« hatte er »die Bürgschaft für die schärfste Selbstbefreiung und Unabhängigkeit« (53) gesehen. Andererseits war für ihn die Ehe die »Möglichkeit einer […] Gefahr«, seine eigentliche »Pflicht« (55) nicht zu erfüllen. Diese Pflicht heißt »Schreiben« und bedeutet konkret, die »im Schreiben und in dem, was damit zusammenhängt« gemachten »kleine[n] Selbständigkeitsversuche, Fluchtversuche mit allerkleinstem Erfolg« weiterzuführen, über sie »zu wachen« und keine »Gefahr an sich herankommen zu lassen«

Schreiben als Pflicht

(55). Um aus der tief empfundenen Nichtigkeit herauszukommen, sind die Schreibversuche offensichtlich noch wichtiger als die Heiratsversuche.

Schreiben als Möglichkeit der »Selbstbefreiung«

Tatsächlich kann das schreibende Ich auf diesem Feld einen doppelten Erfolg melden. Erstens nämlich sind einige »Bücher« (41) veröffentlicht; und zweitens hat der Vater durch sein Verhalten die totale Inkompetenz auf diesem Gebiet bewiesen. Beides veranlasst das Ich des Sohnes zum »Aufatmen«, zum Folgeschluss: »Jetzt bist du frei!« (41). Durch das Schreiben war er »tatsächlich ein Stück selbständig« von ihm, dem Vater, »weggekommen« (41) – etwas, das »in der Kindheit als Ahnung, später als Hoffnung, noch später oft als Verzweiflung mein Leben beherrschte« (42). Im Schreiben hatte er eine Möglichkeit gesehen, selbstständig, frei, unabhängig, vielleicht sogar erfolgreich und dem Vater ebenbürtig zu werden.

Bisher, so bemerkt er selbstkritisch, vielleicht auch, um Widerspruch zu provozieren, waren seine Erfolge äußerst gering. Er fühlt sich, obwohl die ersten Bücher gedruckt vorliegen, wie ein »Wurm […], der hinten von einem Fuß niedergetreten, sich mit dem Vorderteil losreißt und zur Seite schleppt« (41). Immer noch ist er ein »Wurm«, Metapher für ein niedriges Tier, nicht befähigt zu aufrechtem Gang, zudem von einem menschlichen »Fuß niedergetreten«, der möglicherweise zur Gestalt des Vaters gehört. Sehr weit weggekommen ist der Schreiber noch nicht. Von Selbstständigkeit kann nicht die Rede sein. Aber ein Anfang ist gemacht.

Alle Schreibversuche – so die Selbstdeutung des Briefschreibers – waren »ein absichtlich in die Länge gezogener Abschied von Dir, nur daß er zwar von Dir erzwungen war, aber in der von mir bestimmten Richtung verlief« (42). Das alle Schreibversuche bestimmende Thema ist die Gruppenbildung mit ihrer Rollenverteilung, meist bezogen auf die Struktur der Familie, vor allem ausgespielt im Konflikt zwischen Vätern und Söhnen. In der eigenen Person sieht das schreibende Ich das Musterexemplar des ohnmächtigen Sohnes, in seinem Vater das Muster des mächtigen »eisernen«[94] Vaters. Aus seiner Familien-, Lebens- und Leiderfahrung nimmt er den Stoff für sein Schreiben. Insofern ist der »Vorwurf [...] des Schmarotzertums« (58), den der Briefschreiber seinem Prozessgegner als Möglichkeit des Gegenangriffs anbietet, nicht von der Hand zu weisen. Würde der Vater ihm vorwerfen: Du »schmarotzest an mir noch mit diesem Brief als solchem« (58), so müsste er dies zugeben. Gleich zu Anfang seines Briefes hatte er eingeräumt, dass das »Gefühl der Nichtigkeit« nicht nur quälend, sondern auch ein »edles und fruchtbares Gefühl« (11) sei. Die Wahrnehmung, ausgeliefert zu sein, führte offensichtlich zu einer intensiven Selbstreflexion, die Ausgangspunkt – also: »fruchtbar« – für das Schreiben war. Das, was unter anderen Gegebenheiten unmöglich ist, gelang ihm durch das Schreiben – nämlich: »das Gefängnis in ein Lustschloß für sich umzubauen« (53). Indem sich das Ich ganz auf sich konzentriert, die Menschen seiner Umgebung als Bedrohung und die Wände der Wohnung als Gefängnismauern ansieht, aus dem Beschreiben dieser Situation aber Lustgewinn zieht, macht er seinen Schreibplatz zum Lustschloss, auch wenn er sich real in einer höchst bürgerlichen Wohnung befindet.

Das Schmarotzertum des Schreibers

Das – nächtliche – Schreiben ist dem Autor wichtiger als

Die Überwindung des Vaters im Schreiben

das alltägliche Erleiden widriger Umstände: »Im Akt des Schreibens« erlangt er die erstrebte »Autonomie, das herrliche Dastehen dessen, der die herrliche Sprache gewonnen hat und über sie regiert und das Regieren genießt als höchsten Sinn seines Daseins«[95]. In seinem Schreiben hat dieser Autor seinen Vater nachhaltig überwunden: »Mit seinem *Brief an den Vater* ruinierte Franz Kafka – ungewollt – den Ruf Hermann Kafkas für mindestens zwei Generationen von Lesern und Forschern.«[96] Es gibt kaum einen Leser, der den Pakt mit dem schreibenden Ich des Textes verweigert. Eine offene Diskussion ist deshalb erst dann möglich, wenn dem *Brief* neue Texte als Kontexte beigegeben werden. Es hat lange gedauert, ehe man authentische Zeugnisse von Zeitgenossen gelten ließ, nach denen der konkrete Vater Kafkas, also Hermann Kafka, »kein Tyrann, sondern ein ganz normaler, etwas strenger, manchmal launischer Mensch und Chef«[97] war, dass die Vaterfiguren in Kafkas Texten folglich als Fiktion anzusehen sind.

Das Urteil

Georgs Brief

Im Mittelpunkt der Geschichte *Das Urteil* steht ein Brief, den Georg Bendemann »an einem Sonntagvormittag« (42) seinem angeblichen Jugendfreund nach Petersburg schickt, um ihm seine Verlobung mitzuteilen und ihn zur bevorstehenden Hochzeit einzuladen. Doch dieser Brief ist ambivalent: Er lädt ein, legt aber nahe, nicht zu kommen. Er übermittelt Grüße der Braut, die der Schreiber nicht aufgetragen bekommen hat. Mit dem »Brief in der Hand« (46) geht Georg in das Zimmer seines Vaters, zieht »den Brief ein wenig aus der Tasche« und lässt »ihn wieder zurückfallen« (47). Er informiert den Vater, dass er mit dem Brief seinem Freund die eingegangene »Verlobung angezeigt habe« (47), und löst damit beim Vater Überraschung aus. Was im Einzelnen in dem Brief steht und was aus dem Brief wird, erfährt der Leser nicht.

Der Brief als Schreibversuch

Der von Georg geschriebene Brief dient nicht der Verständigung, er erfüllt nicht einmal im Ansatz seine Funktion als Kommunikationsmittel. Am Ende ist er bestenfalls als Schreibübung einzustufen, von der der Schreiber selbst nicht genau weiß, was er von ihr halten soll. Er bleibt nach Abschluss des Briefs »an seinem Schreibtisch« sitzen, nimmt den Gruß eines draußen vorbeigehenden Bekannten kaum wahr, antwortet »mit einem abwesenden Lächeln« (46). Für einige Augenblicke ist der Schreiber mit seinem Brief allein. Der Brief könnte eine Brücke bilden zu dem Freund, den der Schreiber vernachlässigt hat, zu seinem Vater, der offensichtlich erwartet hat, dass sein Sohn die Verlobung dem Freund mitteilt, schließlich zu seiner Braut, der an der guten Beziehung zu jenem Freund gelegen zu sein scheint. Doch der Brief kommt nicht auf die andere Seite der Brücke. Genauer: Er wird gar nicht zum Brief, er bleibt Schreibversuch. Doch mit diesem Schreibversuch scheint der Schreiber einverstanden zu sein. Es genügt ihm, die richtigen Worte gefunden zu haben, und er wertet den Erfolg nicht nach der möglichen Reaktion.
Ähnlich verhält sich der Autor Franz Kafka, der diese Geschichte »in der Nacht vom 22. bis 23. von zehn Uhr abends bis sechs Uhr früh in einem Zug geschrieben«[98] hat. Er hat in dieser Nacht einerseits bemerkt, »wie es vor

dem Fenster blau wurde […] Zwei Männer über die Brücke gingen«[99]; aber andererseits auch »wie alles gesagt werden kann, wie für alle, für die fremdesten Einfälle ein großes Feuer bereitet ist, in dem sie vergehn und auferstehn«[100]. Und dann die Feststellung: »Nur so kann geschrieben werden.«[101] Die Geschichte *Das Urteil* ist das erste große Schreiberlebnis des Autors. Mit dieser Geschichte ist er »eingetreten in die Autonomie seiner Lebensarbeit, in die Herrlichkeit der nächtlichen Ekstasen, die den Sinn seiner Existenz ausmachen«[102]. Die Überlegung hat Konsequenzen: »Ich kann nicht länger sagen: Kafka, der arme, unterworfene Sohn, bildet sein Verhältnis zum Vater und zur patriarchalischen Familie in seinen Erzählungen ab und so ist aus diesen auf jenes zu schließen.«[103] Der Glückszustand des Schreibens ist möglicherweise unbeschreiblich. Jedenfalls ist er unabhängig vom bearbeiteten Stoff. Eine Geschichte »in einem Zuge« zu schreiben, »eine solche ideale Schreibsituation konnte Kafka nach seiner eigenen Einschätzung nur ein einziges Mal vollständig umsetzen, nämlich in der Nacht vom 22. auf den 23. September 1912, in der er *Das Urteil* niederschrieb«[104]. Kafka, so kann pointiert gesagt werden, hat nicht geschrieben, »um Texte zu produzieren« und Literatur zu verkaufen, sondern »er hat geschrieben, um zu schreiben«[105]. Das mag unter anderem erklären, weshalb er so zögerlich beim Veröffentlichen seiner Schreibversuche war und so undurchschaubar beim Verfassen seines Testaments, in dem er verfügte, seine unveröffentlichten Werke restlos und ungelesen zu verbrennen.

Das Schreiberlebnis des Autors

7. Autor und Zeit

In seinem *Brief an den Vater* hat der Autor Franz Kafka eine ausführliche, jedoch überspitzte und literarisierte Selbstdarstellung gegeben. Eine Reihe dieser autobiographischen Aussagen sind von Freunden und Zeitgenossen Kafkas und später von Biographen ergänzt, zurückgewiesen und korrigiert worden. Dabei ging es vor allem um Meinungen zu und Wertungen von Personen und Anschauungen. Im Folgenden wird eine wertungsfreie Darstellung des Lebenslaufs und der für das Werk wichtigen Lebensstationen des Autors angestrebt.

1883 Franz Kafka wird am 3. Juli als erstes Kind des Ehepaars Julie und Hermann Kafka geboren. Beide Elternteile stammen aus jüdischen Familien, sind aus der Provinz nach Prag gezogen, haben dort am 3. September 1882 geheiratet und betreiben ein Handelsgeschäft mit Zwirn, Baumwolle und Galanteriewaren. Am 10. Juli wird der Sohn beschnitten.

1885 Georg Kafka, das zweite Kind, wird am 11. September geboren. Es stirbt am 15. Dezember 1886 an Masern.

1887 Heinrich Kafka wird am 27. September geboren. Er stirbt am 10. April 1888 an Meningitis.

1889 Der 16. September ist Kafkas erster Schultag an der »Deutschen Volks- und Bürgerschule in Prag« am Fleischmarkt. 22. September: Geburtstag von Gabriele (Elli) Kafka.

1890 Valerie (Valli) Kafka wird am 25. September geboren.

1892 Geburt von Ottilie (Ottla) Kafka am 29. Oktober.

1893–1901 Franz Kafka besucht das »Staats-Gymnasium mit deutscher Unterrichtssprache in Prag-Altstadt«

im Kinsky-Palais am Altstädter Ring. Abiturprüfung: Mai – Juli 1901.

1895 Hermann Kafka wird zum k. u. k. Sachverständigen beim Handelsgericht ernannt.

1896 Franz Kafkas Bar-Mizwa wird den Freunden als »Confirmation« mitgeteilt.

1901 Die Familie Hermann Kafka, die bisher dem Geburtsort Hermanns in Böhmen zugeordnet wurde, erhält das Heimatrecht in Prag.

1901–06 Jurastudium Franz Kafkas an der k. u. k. deutschen Karl-Ferdinands-Universität zu Prag. Nebenbei hört Kafka Vorlesungen in Kunstgeschichte und Germanistik.

1902 Erste Begegnung mit Max Brod, Beginn einer lebenslangen Freundschaft.

1904 Franz Kafka arbeitet an der *Beschreibung eines Kampfes*, dem frühesten erhaltenen Text. Frühere Schreibversuche, die bis in die Gymnasialzeit zurückreichen, wurden von ihm vernichtet. Beginn der regelmäßigen Zusammenkünfte mit Oskar Baum, Max Brod und Felix Weltsch.

1905 Erster Sanatoriumsaufenthalt. Beginn der Arbeiten an *Hochzeitsvorbereitungen auf dem Lande*.

1906 Am 18. Juni wird Franz Kafka zum Dr. jur. promoviert, am 1. Oktober beginnt das gerichtspraktische Jahr.

1907 Umzug der Familie Kafka in die Niklasstraße Nr. 36, in das neugebaute, mit Fahrstuhl ausgestattete Haus »Zum Schiff«. Anstellung Franz Kafkas als Aushilfskraft an der Prager Filiale der privaten italienischen Versicherungsgesellschaft »Assicurazioni Generale« am Wenzelsplatz.

Franz Kafka
Foto, um 1917

1908 Franz Kafka belegt einen Kurs für Arbeiterversicherung an der Prager Handelsakademie, den er mit ausgezeichneten Ergebnissen abschließt.
Erste Veröffentlichung: In der Zweimonatszeitschrift *Hyperion* erscheinen unter der Überschrift *Betrachtung* acht kleine Prosastücke.
Am 15. Juli kündigt Franz Kafka bei der »Assicurazioni Generale« und tritt am 30. Juli eine Stelle als Aushilfsbeamter bei der »Arbeiter-Unfall-Versicherungs-Anstalt für das Königreich Böhmen in Prag« an.

1909 Urlaubsreise vom 4. bis 14. September mit Max und Otto Brod nach Riva am Gardasee. Am 11. September besuchen sie ein »Flugmeeting« in Brescia, Kafka schreibt darüber das Essay *Die Aeroplane in Brescia*.

1910 In der Osterbeilage der Prager Zeitung *Bohemia* erscheinen fünf Prosastücke. Im Oktober reist Franz Kafka mit Max und Otto Brod nach Paris. Im Dezember nutzt er einen Resturlaub zu einem mehrtägigen Aufenthalt in Berlin. Er ist inzwischen zum Konzipisten der Arbeiter-Unfall-Versicherung befördert.

1911 Reise mit Max Brod über München, Zürich, Lugano, Mailand nach Paris (26. August – 19. September). Im Oktober besucht Franz Kafka erstmals eine Aufführung der ostjiddischen Theatergruppe, die in Prag auftritt. Der Schauspieler Jizschak Löwy besucht ihn zu Hause – zum Missfallen von Vater Hermann Kafka. Auseinandersetzung zwischen Vater und Sohn wegen der im Familienbesitz befindlichen Asbestfabrik: »Die Qual, die mir die Fabrik macht. Warum habe ich es hingehen lassen, als man mich verpflichtete, daß ich nachmittags dort arbeiten werde.«[116]

1912 Am 13. August begegnet Franz Kafka im Hause Brod Felice Bauer (1887–1960), einer weitläufigen Verwandten von Max Brod, die auf der Durchreise nach Berlin zu Besuch ist. Mit ihr beginnt Kafka einen Briefwechsel, wird sich später (1. Juli 1914) mit ihr verloben, sich kurz darauf entloben (12. Juli 1914), dann eine erneute Verlobung eingehen (Juli 1916) und sich schließlich endgültig trennen (Dezember 1917).
In der Nacht vom 22. zum 23. September 1912 entsteht *Das Urteil.* Wenige Tage später beginnt Franz Kafka den Roman *Der Verschollene*, unterbricht die Arbeit und verfasst zwischen November und Dezember die Erzählung *Die Verwandlung*.
Das elterliche Geschäft siedelt im Oktober in einen Seitenflügel des Kinsky-Palais über. Dieses Ladenlokal wird beibehalten bis zum Verkauf des Geschäfts im Juli 1918.

1914 Beginn der Arbeit am *Proceß. In der Strafkolonie.*
Am 3. August zieht Franz Kafka in die Wohnung seiner Schwester Valli und wohnt erstmals getrennt von den Eltern.

1915 Abbruch des *Proceß*-Vorhabens.

1917 Franz Kafka bezieht ein Zimmer im Schönborn-Palais, erleidet dort in der Nacht vom 12. zum 13. August einen Blutsturz. Dreimonatiger Erholungsurlaub, der verlängert wird. Im September zieht er zu seiner Schwester Ottla nach Zürau. Die Eltern erfahren erst Ende November von seiner Erkrankung.

1918 Wiederaufnahme des Dienstes am 19. November.

Rückfall in die Krankheit. Erholungsaufenthalt in Schelesen bis zum 22. Dezember.

1919 Mitte September verlobt sich Franz Kafka mit Julie Wohryzek, die er in Schelesen kennen gelernt hat und die vom Vater als »unstandesgemäß« abgelehnt wird. Mitte November: *Brief an den Vater*. Absage an Julie Wohryzek.

1920 Die in Wien lebende Journalistin und Übersetzerin Milena Jesenska-Pollak (1896–1944) fragt bei Franz Kafka an, ob sie den *Heizer*, das erste Kapitel des Romans *Der Verschollene*, ins Tschechische übersetzen dürfe. Kafka und Milena Jesenska treffen sich in Prag, später in Wien. Ein intensiver Briefwechsel beginnt.
Im Kurt-Wolff-Verlag erscheint der Band *Ein Landarzt. Kleine Erzählungen*.
Ab Mai ist Franz Kafka für fast drei Monate zur Kur in Meran.

1921 Mehrere Urlaubsverlängerungen werden gewährt. Franz Kafka übergibt Max Brod ein erstes Testament.

1922 Im Frühjahr entstehen mehrere Erzählungen, darunter *Der Hungerkünstler*. Arbeit an einem neuen Roman-Projekt *Das Schloß*. Am 1. Juli tritt Franz Kafka in den vorläufigen Ruhestand. Am 29. November übergibt er Max Brod eine neuerliche testamentarische Verfügung.

1923 Während einer Reise nach Berlin und an die Ostsee lernt er die ostjüdische Kinderbetreuerin Dora Diamant (1898–1952) kennen und verbringt später einige Wochen mit ihr in Berlin. Häufige Fieberanfälle, finanzielle Schwierigkeiten.

1924 Im März Rückkehr nach Prag. Eine letzte Erzählung

entsteht: *Josephine, die Sängerin oder das Volk der Mäuse*. Symptome einer Kehlkopftuberkulose. Im April geht Franz Kafka in die Laryngologische Klinik von Prof. Hujek, wechselt dann ins Sanatorium von Dr. Hoffmann in Kierling. Am 3. Juni stirbt Kafka, am 11. Juni wird er auf dem Prager jüdischen Friedhof beigesetzt.

Hauptwerke in der Reihenfolge ihrer Entstehung

Betrachtung

Leipzig: Rowohlt, 1913 (erschienen 1912).

Kafkas erste Buchpublikation, bestehend aus 18 kurzen Prosastücken, die zum Teil schon in der Zeitschrift *Hyperion* und in der Tageszeitung *Bohemia* erschienen waren.

Das Urteil

Entstanden in der Nacht vom 22. zum 23. September 1912.
Erstveröffentlichung im Jahrbuch *Arkadia* 1913.
Buchausgabe: Band 34 der Bücherei *Der Jüngste Tag* 1916.

Die Verwandlung

Entstanden: November/Dezember 1912.
Erstveröffentlichung in *Die weißen Blätter* 1915.
Buchausgabe: Band 22/23 der Reihe *Der Jüngste Tag* 1915.

Der Handelsreisende Gregor Samsa findet sich am Morgen in einen riesigen Käfer verwandelt vor. Er ist ebenso entsetzt wie die ihn umgebenden Familienmitglieder. Man versorgt ihn; doch er spürt die wachsende Ablehnung. Um seine Familie von seiner Existenz zu befreien, verhungert er. Alle atmen erleichtert auf, als der Kadaver aus der Wohnung geschafft ist.

Der Verschollene

Der Fragment gebliebene Roman wurde postum von Max Brod herausgegeben unter dem Titel:
Amerika.
München: Kurt Wolff, 1927.

Unter dem Titel *Der Verschollene* begann Kafka im September 1912 nach der Niederschrift der Geschichte *Das Urteil* einen Roman, in dem der jugendliche Held nach Amerika, in das Land der unbegrenzten Möglichkeiten, auswandern sollte, dort aber keineswegs die Erfüllung seiner Wünsche erleben würde.

Kafka hat lediglich das erste Kapitel unter dem Titel *Der Heizer* 1913 veröffentlicht.

***Der Proceß*.** Roman.

Entstanden: 1914.
Herausgegeben von Max Brod. Franz Kafka: Der Prozeß. Berlin: Verlag Die Schmiede, 1925.
Weitere Ausgaben:
Franz Kafka: Gesammelte Schriften. Hrsg. von Max Brod in Gemeinschaft mit Heinz Politzer. Bd. 3. Berlin: Schocken, 1935.
Franz Kafka: Der Prozeß. Frankfurt a. M.: S. Fischer, 1950.
Kritische Ausgabe. Hrsg. von Malcolm Pasley. In: F. K.: Schriften. Tagebücher. Frankfurt a. M.: S. Fischer 1990.

Der Bankbeamte Josef K. wird im Auftrag eines nicht näher fassbaren Gerichts verhaftet, später für schuldig erklärt und am Ende hingerichtet, ohne dass er je den Grund der Anklage erfährt. Er verteidigt sich mit unzulänglichen Mitteln, wird an sich selbst irre und fühlt sich zunehmend schuldig, ohne seine Situation zu durchschauen.

In der Strafkolonie

Entstanden: Oktober 1914.
Leipzig: Kurt Wolff, 1919.

Die Handlung spielt in der exotischen Welt einer tropischen Insel, auf der sich eine Strafkolonie befindet. Dorthin kommt ein Repräsentant der westlichen Welt, ein »Forschungsreisender«, dem man eine Foltermaschine zeigt. Der vorführende Offizier möchte erreichen, dass sich der Forschungsreisende bei dem neuen Kommandanten dafür einsetzt, dass diese Maschine weiter in Betrieb bleibt und ihre Funktion erfüllt, Macht zu erhalten. Doch der Offizier wird schließlich selbst von der ihm anvertrauten Maschine zerfetzt.

Ein Landarzt. Kleine Erzählungen.

Erzählungen, die in der Mehrzahl im Winter 1916/17 entstanden.
München/Leipzig: Kurt Wolff, 1919 (erschienen 1920).

Der Band enthält einige der bekanntesten Erzählungen Kafkas: *Auf der Galerie*, *Vor dem Gesetz*, *Das nächste Dorf*, *Eine kaiserliche Botschaft*, *Elf Söhne*, *Ein Bericht für eine Akademie*.

Brief an den Vater

Entstanden 1919.
Erstveröffentlichung: Neue Rundschau, 1952.

Das Schloß

Entstanden: Vorstudien 1920, Weiterarbeit Januar bis September 1922. Fragment.
Herausgegeben von Max Brod: Franz Kafka: Das Schloß. München: Kurt Wolff, 1926.
Weitere Ausgaben:
Franz Kafka: Gesammelte Schriften. Hrsg. von Max Brod in Gemeinschaft mit Heinz Politzer. Bd. 4. Berlin: Schocken, 1935.
Franz Kafka: Das Schloß. Frankfurt a. M.: S. Fischer, 1951.
Kritische Ausgabe. Hrsg. von Malcolm Pasley. In F. K.: Schriften. Tagebücher. Frankfurt a. M.: S. Fischer, 1982.

Der Landvermesser K., fremd in der Gegend, versucht sich in das normale bürgerliche Leben der Leute im Dorf am Fuße des Schlosses einzuleben, um so in persönliche und rechtliche Beziehungen zum Schloss zu kommen.

Der Hungerkünstler

Entstanden: Februar 1922.
Erstveröffentlichung: Neue Rundschau, 1922.
Buchausgabe: Ein Hungerkünstler. Berlin: Die Schmiede, 1924 (zusammen mit *Erstes Leid, Eine kleine Frau, Josefine, die Sängerin oder Das Volk der Mäuse).*

Bei seinen Schaustellungen erlebt der Hungerkünstler zu Anfang große Bewunderung. Dann erlahmt das Interesse des Publikums, obwohl der Hungerkünstler weit über die auf vierzig Tage begrenzte Vorstellung hungern könnte. Als die Schaustellungen überhaupt nicht mehr gefragt sind, lässt er sich in den Käfig eines Zirkusunternehmens sperren. Dort gerät er in Vergessenheit. Einem Wärter gesteht er am Ende: »Hätte ich die rechte Speise gefunden, hätte ich mich vollgegessen wie du und alle.«

Josefine, die Sängerin** oder **Das Volk der Mäuse

Entstanden: März 1924.
Erstveröffentlichung: Prager presse, 1924.
Buchausgabe: Ein Hungerkünstler. Berlin: Die Schmiede, 1924.

Das Mäusevolk ist nicht sehr musikalisch und hat nur wenig Sinn für Kunst. Es ist kaum in der Lage, den Gesang der Diva namens Josefine vom eigenen Pfeifen zu unterscheiden. Deshalb findet auch der Anspruch der Sängerin, etwas Besonderes zu sein und von den Alltagsarbeiten befreit zu werden, nicht von vornherein Zustimmung. Doch die Diva ist wie alle wahren Künstler selbstbewusst genug, um sich durchzusetzen.

8. Rezeption

Als Franz Kafka starb, lagen »etwa vierzig vollendete Prosatexte«[106] gedruckt vor. Darunter waren als bekannteste *Das Urteil*, *Der Heizer*, *Die Verwandlung* und *Ein Hungerkünstler*. Sie waren in Buchform und zum Teil in mehreren Auflagen erschienen. Andere Kurztexte hatten ihren Weg in Zeitungen und Zeitschriften gefunden. Insgesamt hatte das gedruckte Werk einen Umfang von 350 Seiten. Dagegen lagen, umgerechnet auf die Seiten der späteren Gesamtausgabe, »3400 Druckseiten Tagebuchaufzeichnungen und literarische Fragmente«[107] in Manuskriptform vor. In einem Max Brod, dem Freund, übergebenen Testament hatte Kafka verfügt, dass alles, was bis zu seinem Tod nicht veröffentlicht worden sei, vernichtet werden solle. Max Brod aber, der sich nicht an diese Verfügung hielt, wurde der erste und wichtigste Herausgeber des Nachlasses seines Freundes. Unter anderem fand er in den Manuskriptheften drei Romanfragmente – *Der Proceß*, *Das Schloß*, *Der Verschollene* (*Amerika*) – und den *Brief an den Vater*. Später wurden auch »die etwa 1500 Briefe, die von Kafka erhalten blieben«[108], gedruckt. Bis heute ist der Editionsprozess noch nicht abgeschlossen: Mehrere Forscher arbeiten an historisch-kritischen Kafka-Ausgaben.

Der Herausgeber Max Brod

Als Kafka starb, war er einem kleinen Lesepublikum und den an moderner Literatur interessierten Fachliteraten bekannt. Die Tatsache, »daß Kafka keine Romane herausbrachte, war, wie sein Verleger Kurt Wolff deutlich sah und dem Autor gegenüber auch zum Ausdruck brachte«[109], Hauptgrund dafür, warum keine breitere Leserschicht für den Autor gewonnen werden konnte. Eine erste von Max Brod herausgegebene Werkausgabe mit dem Titel *Gesammelte Schriften* erschien 1935 in Berlin, wurde »allerdings schon von der nationalsozialistischen Kulturpolitik behindert«[110]. Kafka gehörte dann zu den von den Nationalsozialisten verbotenen und geächteten Schriftstellern. Ab 1946 erschien im New Yorker Schocken-Verlag, der sich vor allem um jüdische Schriftsteller verdient machte, eine weitere Ausgabe der Gesammelten Schriften. Der S. Fischer-Verlag brachte dann ab 1950 Kafkas Werke in Einzelausgaben – und als Taschenbücher – heraus. Damit endlich war ein breites Lesepublikum gesichert.

Die erste Werkausgabe

Die Wirkungsgeschichte Kafkas ist unabsehbar. Ein zusammenfassendes Urteil zu dem Thema ›Kafka und die Folgen‹ lautet: »So gibt es fast keinen modernen Schriftsteller, der nicht – zumindest spurenhaft – den Einfluß Kafkas erfahren hätte und daher anders schreibt als die Erzähler der vergangenen Jahrhunderte.«[111] Für die österreichische Literatur wäre das nachzuweisen an den Werken Ilse Aichingers, Elias Canettis, Peter Handkes und Elfriede Jelineks. In Frankreich zählen zu »den kongenialen Bewunderern und Nachfolgern Albert Camus, Jean Paul Sartre und Eugène Ionesco«[112]. Als Schriftsteller, »die in besonders charakteristischer Weise das Nachleben Kafkas bezeugen«[113], seien Luis Borges, der Argentinier, Samuel Beckett, der Engländer, und der Schweizer Friedrich Dürrenmatt genannt.

Die unabsehbare Wirkungsgeschichte

In der Bundesrepublik Deutschland hat Kafka seit 1955 einen ungewöhnlich schnellen »Aufstieg zum Klassiker der Moderne« und »Schulklassiker«[114] gemacht. Anders

»Klassiker der Moderne« und »Schulklassiker«

als die Autoren der so genannten inneren Emigration wie Reinhold Schneider, Werner Bergengruen und Gertrud von le Fort und anders als die Kriegsteilnehmer, die sich wie Heinrich Böll und Günter Grass in der Gruppe 47 zusammenfanden, wurde Kafka »als ein international (besonders in England und Amerika) anerkannter Autor«, als »ein aktuell Moderner und zugleich in die Distanz der Historie Entrückter« schnell und unwidersprochen »in den Status des Klassikers«[115] erhoben. Umstritten ist nicht das Werk, umstritten sind die zahlreichen, oft widersprüchlichen Interpretationen, die jedoch den Diskurs um die Person und das Werk Kafkas erst ermöglichen.

9. Checkliste

1. Erklären Sie die Wortverbindung »Klassiker der Moderne«.
   Was ist Ihrer Ansicht nach ein »Klassiker«?
   Was ist für Sie »modern«? Durch welche Merkmale zeichnen sich »das Moderne« und »die Moderne« aus?
   Welche Widersprüche werden durch die Wortverbindung »Klassiker der Moderne« aufgehoben?

2. Erklären Sie die folgenden Begriffe und ihre Beziehung zueinander:
   Stoff – Thema – Fabel – Text

3. Grundwissen über die Familie Kafka in Prag:
   Herkunft der Familie Franz Kafkas
      Name des Vaters? Name der Mutter?
      Religionszugehörigkeit?
      Beruf?
   Die Geschwister
      Die Brüder?
      Die Schwestern?
         Ausbildung?
         Eheschließungen?

4. Stellen Sie Tendenzen heraus, mit denen der Autor seine Hauptfiguren versieht.
   Welchen Sympathie- bzw. Antipathiewert haben in Ihrer Einschätzung die Vater-Figuren?
   Welchen Sympathie- bzw. Antipathiewert haben in Ihrer Einschätzung die Söhne?

Beschreiben Sie den Standpunkt, von dem aus der Autor seine Vater-Figuren das Denken und Handeln seiner Kinder beurteilen lässt.

Beschreiben Sie den Standpunkt, von dem aus die Söhne die Welt der Väter und ihre eigene Situation beurteilen.

Welche eigenen Erfahrungen gibt der Autor seinen Figuren mit?

Nennen Sie Textstellen, an denen der Autor Ihrer Ansicht nach eigene Erfahrungen »literarisiert«. Begründen Sie Ihr Urteil.

5. Legen Sie Schreibanlass, Schreibsituation und Schreibverlauf des *Briefs* und des *Urteils* dar.
   Welche Schreibanlässe liegen vor?
   Welche Beziehungen zur Lebenswelt des Autors können Sie feststellen?
   Inwieweit entfernt sich die Literarisierung von der Lebenswelt des Autors?
   Vergleichen Sie Schreibanlass und Schreibvorgang des *Briefs* und des *Urteils*.
   Vergleichen Sie die Zeitpunkte der Produktion und der Veröffentlichung.

6. Was leisten Interpretationen?
   Erklären Sie die Begriffe Interpret, Interpretation, Text und Kontext.
   Erklären Sie den Unterschied zwischen einer Textanalyse und einer Interpretation.
   Was ist unter einem »moralischen Pakt« zu verstehen?
   Erläutern Sie mit Hilfe der Begriffe Text und Kontext, was unter der philosophischen, der theologischen, der

soziologischen Deutung eines Textes zu verstehen ist.

Inwieweit dient es dem Verständnis von Kafkas Texten, wenn man die Geschichte des Habsburger Reichs, die Stadt Prag, die Familie Kafka, die Freunde und Verlobten des Autors kennt? Inwiefern können die entsprechenden Informationen dem Interpreten nutzen, inwiefern können sie ihn ablenken?

Inwiefern ist es angebracht, den Interpreten vor Vorurteilen zu warnen, wenn er Themenfelder wie »Machtkampf in der Familie«, »Klage und Verteidigung im Prozess zwischen Vater und Sohn« und »Schreiben als Lebensinhalt« zu behandeln hat?

Vergleichen Sie die Figurenentwicklung in Kafkas *Urteil* und im *Brief*, arbeiten Sie einige Tendenzen heraus und nehmen Sie – mit dem Ziel, einen begründeten moralischen Pakt oder Antipakt zu schließen – Stellung.

7. Nennen Sie einige Daten der Rezeptions- und der Wirkungsgeschichte. Orientieren Sie sich bei Ihren Darlegungen an Daten wichtiger Werkveröffentlichungen.

- Publikationen bis 1924
- 1935: Gesammelte Schriften
- 1946: Gesammelte Schriften
- ab 1950: Werke in Einzelausgaben
- ab 1990: Historisch-kritische Ausgaben

Wann wurde Kafka zum »Klassiker der Moderne«?

10. Lektüretipps

Textausgaben

Brief an den Vater

Franz Kafka: Brief an den Vater. Fassung der Handschrift. Mit einem Nachw. und mit Anm. versehen von Roger Hermes. Frankfurt a. M.: S. Fischer, 1999. (Fischer Taschenbuch. 14674.)

Franz Kafka: Brief an den Vater. Mit einem unbekannten Bericht über Kafkas Vater als Lehrherr und anderen Materialien. Hrsg. von Hans-Gerd Koch. Mit einem Nachw. von Alena Wagnerova. Berlin: Wagenbach, 2004.

Hierdeis, Helmwart (Hrsg.): »Lieber Franz! Mein lieber Sohn!« Antworten auf Franz Kafkas *Brief an den Vater*. Wien: Passagen-Verlag, 1996.

Franz Kafka: Brief an den Vater. Hrsg. und komm. von Michael Müller. Stuttgart: Reclam, 1995. (UB. 9674.) – *Nach dieser Ausgabe wird zitiert.*

Das Urteil

Franz Kafka: Das Urteil. Frankfurt a. M.: S. Fischer 1952. (Fischer Taschenbuch. 19.)

Neumann, Gerhard: Franz Kafka: *Das Urteil.* Text, Materialien, Kommentar. München/Wien: Hanser, 1981. (Hanser Literatur-Kommentare.)

Franz Kafka: Das Urteil und andere Prosa. Hrsg. von Michael Müller. Stuttgart: Reclam, 1995. (UB. 9677.) – *Nach dieser Ausgabe wird zitiert.*

Handbücher und Kommentare

Binder, Hartmut: Kafka-Handbuch in zwei Bänden. Stuttgart: Kröner, 1979. Bd. 1: Der Mensch und seine Zeit. Bd. 2: Das Werk und seine Wirkung.

– Kafka-Kommentar zu den Romanen, Rezensionen, Aphorismen und zum *Brief an den Vater*. München: Winkler, 1976.

– Kafka-Kommentar zu sämtlichen Erzählungen. München: Winkler, 1975.

Dietz, Ludwig: Franz Kafka. Stuttgart: Metzler, 1975. (Sammlung Metzler. 138.)

Müller, Michael: Erläuterungen und Dokumente: Franz Kafka: *Das Urteil*. Stuttgart: Reclam, 1995. (UB. 16001.)

Biographien

Alt, Peter-Andre: Franz Kafka. Der ewige Sohn. Eine Biographie. München: Beck, 2005.

Anz, Thomas: Franz Kafka. München: Beck, 1992. (Beck'sche Reihe: Autorenbücher. 615.)

Arens, Detlev: Franz Kafka. München: Deutscher Taschenbuch Verlag, 2001. (dtv-portrait.)

Brod, Max: Über Franz Kafka. Frankfurt a. M.: S. Fischer, 1974. (Fischer Taschenbuch. 1496.)

Hermes, Roger [u. a.]: Franz Kafka. Eine Chronik. Berlin: Wagenbach, 1999.

Wagenbach, Klaus: Franz Kafka in Selbstzeugnissen und Bilddokumenten. Reinbek bei Hamburg: Rowohlt, 1964. (rowohlts monographien. 91.)

Wagenbach, Klaus: Franz Kafka. Bilder aus seinem Leben. Berlin: Wagenbach, 1985.

Wagnerova, Alena: Die Familie Kafka aus Prag. Frankfurt a. M.: S. Fischer, 2001. (Fischer Taschenbuch. 14355.)

Gesamtdarstellungen

Emrich, Franz: Franz Kafka. Frankfurt a. M. / Bonn: Athenäum, ^{4}1965.

Jahraus, Oliver: Kafka. Leben, Schreiben, Machtapparate. Stuttgart: Reclam, 2006.

Nagel, Bert: Franz Kafka. Aspekte zur Interpretation und Wertung. Berlin: Schmidt, 1974.

Robert, Marthe: Einsam wie Franz Kafka. (Deutsche Übersetzung.) Frankfurt a. M.: S. Fischer, 1985.

Stach, Reiner: Kafka. Die Jahre der Entscheidungen. Frankfurt a. M.: S. Fischer, 2002.

Wege der Forschung

Arnold, Heinz Ludwig: Franz Kafka. text + kritik. Zeitschrift für Literatur. Sonderband. München 1994.

Politzer, Heinz (Hrsg.): Franz Kafka. Darmstadt: Wissenschaftliche Buchgesellschaft, 1973. (Wege der Forschung. 322.)

Liebrand, Claudia (Hrsg.): Franz Kafka. Neue Wege der Forschung. Darmstadt: Wissenschaftliche Buchgesellschaft, 2006.

Nagel, Bert: Kafka und die Weltliteratur. Zusammenhänge und Wechselwirkungen. München: Winkler, 1983.

Zimmermann, Hans Dieter: Kafka für Fortgeschrittene. München: Beck, 2004. (Beck'sche Reihe. 1581.)

Einzelinterpretationen

Ecker, Egon: Franz Kafka: *Das Urteil*, *Vor dem Gesetz*, *Ein Hungerkünstler*. Interpretation und didaktische Hinweise. Hollfeld: Beyer, 1976.

Gray, Richard T.: Franz Kafka: *Das Urteil*. In: Interpretationen: Franz Kafka: Romane und Erzählungen. Hrsg. von Michael Müller. Stuttgart: Reclam, 2003. (UB. 8811.)

Meurer, Reinhard: Franz Kafka, Erzählungen: Interpretationen (*Das Urteil* S. 16–45). München: Oldenbourg, 1984.

Weber, Albrecht / Carsten Schlingmann / Gert Kleinschmidt: Interpretationen zu Franz Kafka: *Das Urteil*, *Die Verwandlung*, *Ein Landarzt*, Kleine Prosastücke. München: Oldenbourg, 1968.

Anmerkungen

1 *Literaturen. Das Journal für Bücher und Themen*, Doppelheft: Januar/Februar 2003, S. 1.
2 Ebenda.
3 Reiner Stach, *Kafka. Die Jahre der Entscheidungen*, Frankfurt a. M. 2002, S. 217.
4 Ebenda, S. 190.
5 Ebenda, S. 117.
6 Erich Heller und Joachim Beng, *Franz Kafka. Dichter über ihre Dichtungen*, München / Frankfurt a. M. 1969, S. 19.
7 Peter Andre Alt, *Franz Kafka. Der ewige Sohn. Eine Biographie*. München 2005, S. 14.
8 Ebenda, S. 15.
9 Alena Wagnerova, *Die Familie Kafka aus Prag*, Frankfurt a. M. 2001 (Fischer Taschenbuch, 14355), S. 15.
10 Ebenda, S. 29.
11 Ebenda, S. 39.
12 Ebenda, S. 55.
13 Ebenda, S. 69.
14 Ebenda, S. 72 ff.
15 Ebenda, S. 73.
16 Ebenda, S. 77.
17 Ebenda, S. 96.
18 Ebenda, S. 98.
19 Ebenda, S. 128.
20 Ebenda, S. 123.
21 Ebenda.
22 Ebenda, S. 126.
23 Ebenda.
24 Ebenda, S. 135.
25 Ebenda, S. 159.
26 Ebenda, S. 157.
27 Ebenda, S. 135.
28 Zitiert nach: Wagnerova (Anm. 9), S. 154.
29 Wagnerova (Anm. 9), S. 163.

30 Ebenda, S. 167.
31 Hartmut Binder, *Kafka-Handbuch*. Bd. 1: *Der Mensch und seine Zeit*, Stuttgart 1979, S. 113.
32 Ebenda, S. 395.
33 Frantisek X. Basik, *Als Lehrjunge in der Galanteriewarenhandlung Hermann Kafka*, in: Franz Kafka, *Brief an den Vater. Mit einem unbekannten Bericht über Kafkas Vater als Lehrherr und anderen Materialien*, Berlin 2004, S. 131.
34 Stach (Anm. 3), S. 13.
35 Ebenda.
36 Basik (Anm. 33), S. 127.
37 Ebenda, S. 112.
38 Ebenda, S. 137.
39 Wagnerova (Anm. 9), S. 191.
40 Ebenda, S. 194.
41 Ebenda.
42 Ebenda, S. 200.
43 Ebenda, S. 201.
44 Ebenda, S. 203.
45 Schüler-Duden, *Die Literatur. Ein Sachlexikon für die Schule*, hrsg. von Gerhard Kwiatkowski. Mannheim/Wien/Zürich 1998, S. 395.
46 *Kleines literarisches Lexikon*, hrsg. von Horst Rüdiger und Erwin Koppen, Bern/München 1966, S. 395.
47 Horst Belke, *Literarische Gebrauchsformen*. Düsseldorf 1973, S. 142.
48 Franz Kafka, *Brief an den Vater*, hrsg. von Michael Müller, Stuttgart 1995 (UB, 9674), S. 64.
49 Franz Kafka, *Brief an den Vater. Mit einem unbekannten Bericht über Kafkas Vater als Lehrherr* und anderen Materialien, hrsg. von Hans-Gerd Koch, Berlin 2004, S. 9.
50 Ebenda, S. 7.
51 Ebenda, S. 8.
52 Ebenda.
53 Heinrich Lausberg, *Handbuch der literarischen Rhetorik*, München 1960, S. 54.
54 Ebenda.
55 *Erläuterungen und Dokumente*, Franz Kafka, *»Das Urteil«*, hrsg. von Michael Müller, Stuttgart 1995 (UB, 16001), S. 50.

56 Gerhard Neumann, *Franz Kafka, Das Urteil*. Text, Materialien, Kommentar, München/Wien 1981, S. 47.
57 Ebenda, S. 22 ff.
58 Ebenda, S. 50.
59 Müller (Anm. 55), S. 45.
60 Ebenda.
61 Ebenda.
62 Müller (Anm. 55), S. 22.
63 Stach (Anm. 3), S. 117.
64 Ebenda, S. 117.
65 Neumann (Anm. 56), S. 24.
66 Ebenda, S. 69.
67 Stach (Anm. 3), S. 11.
68 Neumann (Anm. 56), S. 33.
69 *Der kleine Stowasser*, Lateinisch-deutsches Schulwörterbuch, bearb. von Dr. Franz Skutsch, Reichenberg 1945, S. 277.
70 Helmut Brackert / Jörn Stückrath, *Literaturwissenschaft*. Ein Grundkurs, Reinbek bei Hamburg 1992 (Rowohlt Taschenbuch, 3290), S. 479.
71 Ebenda.
72 Ebenda, S. 482.
73 Peter von Matt, *Verkommene Söhne, mißratene Töchter. Familiendesaster in der Literatur*, München/Wien 1995, S. 305.
74 Ebenda, S. 36.
75 Ebenda.
76 Ebenda, S. 37.
77 Oliver Jahraus, *Kafka. Leben, Schreiben, Machtapparate*. Stuttgart 2006, S. 211.
78 Johannes Hoffmeister, *Wörterbuch der philosophischen Begriffe*, Hamburg 1955, S. 545.
79 Ebenda.
80 Franz Kafka, *Der Prozess*, Lizenzausgabe von Schocken Books New York, Frankfurt 1952, S. 9.
81 Ebenda, S. 272.
82 Mario Jacoby, *Scham-Angst und Selbstwertgefühl. Ihre Bedeutung in der Psychotherapie*, Solothurn/Düsseldorf 1991, S. 16.
83 Ebenda, S. 17.
84 Ebenda.
85 Ebenda, S. 118.

86 Ebenda, S. 105.
87 Ebenda.
88 Matt (Anm. 73), Titel.
89 Erich Heller / Joachim Beng, *Franz Kafka. Dichter über ihre Dichtungen*, München / Frankfurt a. M. 1969, S. 125.
90 Ebenda, S. 139.
91 Ebenda, S. 123.
92 Ebenda, S. 124.
93 Ebenda, S. 133.
94 Matt (Anm. 73), S. 75.
95 Ebenda, S. 284.
96 Franz Kafka, *Brief an den Vater* (Anm. 49), S. 135.
97 Ebenda, S. 137.
98 Neumann (Anm. 56), S. 47.
99 Ebenda.
100 Ebenda.
101 Ebenda.
102 Matt (Anm. 73), S. 285.
103 Ebenda, S. 284.
104 Jahraus (Anm. 77), S. 78.
105 Ebenda, S. 71.
106 Stach (Anm. 3), S. X.
107 Ebenda.
108 Ebenda.
109 Hartmut Binder, *Kafka-Handbuch.* Bd. 2: *Das Werk und seine Wirkung*, Stuttgart 1979, S. 595.
110 Jahraus (Anm. 77), S. 46.
111 Bert Nagel, *Kafka und die Weltliteratur. Zusammenhänge und Wechselwirkungen,* München 1983, S. 349.
112 Ebenda, S. 353.
113 Ebenda, S. 362.
114 Binder (Anm. 109), S. 860.
115 Ebenda, S. 861.
116 Zitiert nach: Franz Kafka, *Brief an den Vater* (Anm. 49), S. 77.

Raum für Notizen